JN021885

植民地と修身教育
——朝鮮・台湾を中心に——

Colonialism and Moral Education : Focusing on Korea and Taiwan

植民地教育史研究年報◎ 2023
Reviews of Historical Studies of Colonial Education vol.26
26

植民地と修身教育——朝鮮・台湾を中心に——

2023　植民地教育史研究年報　第26号　目次

編集後記
著者紹介
『植民地教育史研究年報』投稿要領
CONTENTS

巻頭言
戦争体験の継承は可能か

新保敦子*

他人事としての戦争

　「イスラエルのガザ地区への攻撃で爆弾の音がテレビで流れると、昔のことを思い出して胸が苦しくなる。とても他人事とは思えない。なんで戦争なんてやるんだろう」。これは、私が親しくさせていただいているUさんという女性の言葉である。Uさんは、お一人で英国の語学学校に語学留学をするようなエネルギッシュな方であるが、お父様が呉の海軍工廠に勤務しておられたため、1945年6月22日の米軍による空襲によって、火災の渦に巻き込まれながら、近くの防空壕に避難して九死に一生を得たという（死者約2000名）。戦争の話題となると熱く語りはじめ、その勢いに思わず圧倒されてしまい、私は口をはさむことができなくなる。

　私自身は、父が昭和一桁生まれで、あと1年戦争が長引けば神風特攻隊として出撃した可能性が高く、戦争に無関心ではいられない。また親戚にシベリア抑留体験者がいて、家族の話題としてときどき話題になってきた。そうした私であっても、このUさんに比べると、どこか戦争は他人事なんだろうなという気がする。

授業での戦争体験の継承の試み

　私は大学で「社会教育史」という授業を約20年来、担当している。授業の課題として、祖父母世代にインタビューし、育ってきた時代背景、受けてきた教育についてレポートを書くという課題を出している。この課題を始めた当初は祖父母世代の体験の中で、戦争体験（戦場体験、空襲、原爆、引き揚げ）が語られるレポートが多かった。しかしながら、近年

＊早稲田大学

では、祖父母世代といっても 1950 年代生まれが増えてきており、子ども時代の印象的な出来事として、東京オリンピック（1964 年）が語られることも少なくない。

　こうした若い学生さんに、戦争について少しでも理解してもらいたいということから、先日、満洲国の引き揚げ者に対するソ連軍による虐殺事件である「葛根廟事件」の生存者である大島満吉さんを授業にゲストとしてお招きした。ソ連軍の戦車によって襲撃された時の情景や、集団自殺の現場の状況など、迫真のトークであった。学生たちが真剣に耳を傾け「リアルな体験を聞いて、戦争はいけないと思った」というコメントを書いてくれるのは、大変にありがたいことである。ただし、どこか一般的な感想にとどまっているという印象を持った。

　一方、「おつらかったでしょう」という感想を書いている学生さんがいた。この学生さんは、小さい頃に曾祖母から戦争の話を聞いてきたが、曾祖母自身が、戦争で近親者を亡くしているという。身近な家族から戦争の話を聞いてきた体験を持っているからこそ、自分事として戦争を捉え、犠牲者のことを共感的に理解できるのではないだろうか。ただし、残念なことに戦争体験者の高齢化に伴い、そうした学生さんは急速に減少しているように思われる。

沖縄の戦跡で考えたこと

　先日、沖縄に出かけた。宮古島出身者とたまたま話す機会があり、「防衛省が宮古島の陸上自衛隊保良訓練場にさらに弾薬庫を増設するが、訓練場は民家からそれほど離れていない距離にあるので心配」と、不安そうな様子で語ってくれた。また、滞在中に期せずして北朝鮮からミサイルが発射されたことを伝える J アラートが鳴り響いた（2023 年 11 月 21日 22 時 46 分）。沖縄の方々の危機意識は強いものがある。

　こうした沖縄でさえ、戦争体験の継承は、難しい。沖縄の住民が避難して集団自決の場となった「チビチリガマ」を沖縄の中学生が荒らしたことは記憶に新しい（2017 年）。今回、私は「チビチリガマ」とともに、住民が投降し助かった「シムクガマ」も観光協会の案内で訪問した。「シムクガマ」には実際に入ることができたが、暗闇と狭い空間に閉じ込めら

れたという感覚から胸をおしつぶされそうになった。ただし、もし、ガイドさんの語りがなければ、単に暗い空間でしかない。

また、館山海軍航空隊赤山地下壕跡に入った時のことを思い出した。たまたま、華やかな姿のカップルと一緒になり、若いのに戦争に興味があるなんて、今時、感心だなと思った。しかしながら、壕の中で、女性が突然、大きな声をあげたので、びっくりした。男性が、いたずら心を起こして女性を驚かせたのか、あるいはもともと女性を驚かそうと思って、デートコースに選んだのかもしれない。戦跡は、戦争体験を継承する上で、重要なモニュメントであるが、語りによる解説がなければ、単なる肝試しのスポットにしかならないことを感じた。

私が植民地教育史研究でお世話になってきた小沢有作、竹中憲一、槻木瑞生といった諸先生は、戦争体験を持ち、戦争に対して忌避感が強い研究者である。こうした大先輩が亡くなり、世界的に各地で戦争が勃発している中で、戦争体験をどのように継承し、研究者としていかなる研究をしていけばいいのだろうか。

戦争は坂道を転がるようなもの、始めるのは簡単、終結するのは難しいと言われる。植民地教育史の一研究者として、少しでも踏ん張ることができればと願っている。

Ⅰ．特集
植民地と修身教育
――朝鮮・台湾を中心に――

シンポジウム発題
「植民地と修身教育」をめぐる課題

岡部芳広*

はじめに

　本特集は、2023 年 3 月 12 日（日）にオンラインで実施された、本研究会第 26 回研究大会でのシンポジウムでの報告をもとに構成されている。今回のシンポジウムでは、「植民地と修身教育」というテーマを設定したが、本研究会のシンポジウムで「修身」を扱うのはこれが初めてである。1880（明治 13）年の改正教育令で筆頭科目になった「修身」は、その後敗戦まで日本の教育の中核にあり、教育全体はもとより、国民生活に対しても広く影響をもたらした。各植民地においても修身教育は展開されたが、その在り方は自ずとそれぞれの地域によって違いが見られるものと思われる。しかし、本研究会はこれまで、修身教育をシンポジウムのテーマに据えたことはなく、一部会員による論考が科研報告書や年報に発表されるにとどまり、比較検討する場を持ってこなかった。そういった状況を踏まえ、植民地における修身教育の在り方や意味を比較検討する端緒とすべく、今回のシンポジウムのテーマを設定した。

植民地における修身教育の独自性

　日本国内での修身教育と植民地での修身教育はどのような点が共通しており、またどのような点に違いがあるのだろうか。植民地においては、「同化」の問題や、衛生など「近代化」の問題、そして天皇制をどのようにその社会に浸透させていくのかなど、日本国内とは違う、特有の課題があろう。また、その地域独自の指導内容や重点化された内容があるのかなど、今回のテーマを巡っては、様々な視点が考えられる。また、一言で「修身教育」と言っても、為政者側が目論む修身教育があり、また

＊相模女子大学

現場の教師が実際に指導した修身教育があり、そして、それを植民地の児童・生徒がどのように受容したのか、またしなかったのかという、3つのフェイズが考えられ、これらを意識して検討する必要があろう。植民地と修身教育について、今回一度の検討で充分に深めることは難しいと思う。今後継続的にこの課題に取り組むことが望まれるが、それにあたってはこの「3つのフェイズ」を意識し続けることが、植民地の修身教育の実態に迫ることになるキーポイントであると考えている。

台湾の事例から

　国立台湾師範大学台湾史研究所の蔡錦堂教授の研究については、今回の白柳弘幸会員の論考でも取り上げられているが、『戦後台湾における〈日本〉』（風響社：2006 年）のなかに収録されている、蔡教授の「日本統治時代と国民党統治時代に跨って生きた台湾人の日本観」も参考になろう。日本時代の教育を受けた世代は、日本に対して総じて「印象が良好である」と述べているが、これには注意が必要で、決して単純に「親日である」といえるわけではなく、「印象が良好だという傾向にある」、ということだ。日本の統治を経験した世代が、その時代を必ずしも肯定的に評価しているからではなく、日本が去ってようやく植民地時代が終わったと思った後にやってきた国民党によって、再び植民地状態におかれ、その統治が期待したものでは全くなかったために、日本時代に対して「相対的に美しい追憶が引き起こされて、それが好感を持つ要因となった」ということが、「良好な印象」のひとつの要素としてあげられている。これは台湾における特徴的な事情で、留意しておく必要がある。そして次に挙げられているのが、「修身科目と教育勅語という要素」である。この chapter の冒頭で蔡教授は、このように述べている。

　　修身科目と教育勅語を、年配の台湾人の日本に対する印象を形づくった要素のひとつに並べ入れることは、もしかすると論争を引き起こすかもしれない。ただ筆者は、公学校教育のアンケート調査とインタビュー調査を行った結果として、当時の修身科目と教育勅語の教育が、年配の台湾人の一部によって、一生役立つものであり、

なおかつ日本時代と国民党統治時代の最大の相違点であると、確かに意識されていることを発見したのである。

　日本時代の修身や教育勅語の内容に含まれる「儒家の五倫」（父子の親・君臣の義・夫婦の別・長幼の序・朋友の信）に対する「良好な評価」は、蔡教授のインタビューの中でたびたび登場したという。そして、「日本の教師は修身科目の中であった倫理道徳・礼節・人たるの道理を講義しただけではなく、教師自身も身をもって模範となり得る人であった」としている。これは筆者（岡部）自身が行ったインタビューでも、度々聞かれたことでもあった。一方、戦後の国民党による教育ではどうだったかというと、「四維」（礼・義・廉・恥）と「八徳」（忠・孝・仁・愛・信・義・和・平）という伝統的徳目を強調はしたが、それらは「教室の壁に書かれているだけであった」と、戦前と戦後における道徳教育の、根付いた度合いの落差を指摘している。ここでも戦後の国民党の教育への落胆が、「美しき良き時代」を懐かしがらせる原因になったのかもしれないと蔡教授は述べている。しかし、この「国民党政治（教育）への落胆による日本への高評価」というバイアスを抜きにして、「その当時（日本統治時代）、台湾の人たちは修身教育をどのように受容した（しなかった）のか」を、慎重に検討していく必要があろう。

おわりに

　今回、白柳弘幸会員による台湾における修身教育についての他、山下達也会員による朝鮮における修身教育について、そして、王雯雯会員による満洲における女子教育を中心とした修身教育についての報告があった。諸事情により、王会員の論考は今回掲載することは叶わなかったが、興味深い報告であったので、今後の研究の発展を期待している。また、山下会員の論考によると、日本側が「教材の郷土化」に腐心していたことがわかり興味深い。台湾とは違った教科の在り方がうかがえ、比較検討することにより、日本による植民地教育の全体像を検討する手がかりとなるかもしれないと感じている。いずれにしても、本特集により、台湾と朝鮮の修身教育の比較検討の端緒が開かれ、今後の研究の広がりへの

第一歩を踏み出したと感じている。

日本統治期朝鮮における修身教育の独自性
——教科書・実践研究を手がかりに——

山下達也*

はじめに

　本稿は、2023年3月12日に行われた日本植民地教育史研究会第26回研究大会シンポジウムでの報告をもとに、日本統治期朝鮮における修身教育の内容とその特徴の一端について論じるものである[1]。

　周知のとおり、修身は1880年の「改正教育令」で筆頭科目と位置づけられ、学校における徳育の要諦としての性格を有する。それゆえ、戦前日本の学校教育について検討するうえでは欠くことのできない重要なキーワードである。この修身は日本「内地」においてのみならず、当時日本の「外地」であった朝鮮においても1911年の「普通学校規則」第6条で教科目の筆頭に挙げられた。

　修身がこうした位置にあったにもかかわらず、日本植民地教育史研究会では、これまで会として植民地における修身教育についての検討を行ってこなかったため、その端緒とすべく、今回のシンポジウムでは「植民地と修身教育－台湾・朝鮮・満洲を中心に－」というテーマが設定された。本研究会の共同テーマとして扱われるのは初めてだが、日本統治期朝鮮における修身教育については、研究者個人による関連研究の蓄積を見ることができる。

　2000年代以降のものに限定しても韓国では、정태준（2004）が日本統治期の修身に関する政策史について論じたものがあるほか、修身教科書に見られる「朝鮮」に関する記述の変化についてまとめた김용갑・김순전（2006）の研究、教科書に登場する人物に着目した박제홍（2008）の研究、修身教育の徳目の変遷や模範人物の創出について論じた서강식（2015、2016）の研究などがある。教科書をおもな史料とするものが多く、修身が注目される際には、授業でどのような内容が教えられたのか

＊明治大学

という具体的な中身に関心が寄せられてきたといえる。2006年に韓国で修身教科書の復刻版が出版されたこともこうした研究が進められた背景として指摘できよう[2]。

　日本においては、修身教科書に着目して「併合」前後の教育理念の変遷について論じた本間千景（2002）の研究のほか、おもに天皇像や軍事教材の扱われ方に着目した藤田昌士（2009）の研究、解放後の道徳教育との連続性という観点から修身に論究した関根明伸（2012）の研究、教員による研究という視点から修身教育の実践について論じた拙稿（2019）、当時の学校観形成に修身教育がどのように関わっていたのかという問題関心から論及した拙稿（2021）がある。韓国で行われている関連研究に比べると数が少なく、また、内容としては、教科書に登場する人物や徳目・記述の変化をテーマとするものよりも、修身教育の理念そのもの、また、解放後韓国の道徳教育史の文脈での注目、朝鮮人児童教育の事例、特に植民地教育としての特徴が表出しやすいもの、象徴的な科目としての注目がなされてきたといえる。

　こうした関連研究の状況を踏まえ、本稿では朝鮮における修身教育の特徴に関する知見を得るため、まずは修身教科書の内容の独自性や修身教育に充てられた時間数についての確認を行う。また、政策文書からは窺い知ることができない教育実践についての検討は、当時の修身教育の実態を明らかにするうえで重要となるが、資料の制約もあって十分な蓄積がなされていない。そこで本稿では教員らによる実践研究にも注目し、朝鮮における修身教育の実践面での特徴や独自性について明らかにする。

　なお、本稿で扱うのは初等学校における修身教育である。

1．教科書のテーマ・内容の独自性

　日本統治期の朝鮮では朝鮮総督府が初等学校の修身書を編纂・発行した。編纂時期により扱われたテーマや教材に違いがみられ、1911年3月に発行された『訂正普通学校学徒用修身書』（第Ⅰ期）、1911年8月の第一次朝鮮教育令のもとで発行された『普通学校修身書』（第Ⅱ期）、1922年2月の第二次朝鮮教育令制定後に新たに編纂された『普通学校修身書』（第Ⅲ期）、1928年8月設置の臨時教科書調査委員会の「編纂綱領」

にもとづいて編纂された『普通学校修身書』（第Ⅳ期）、国定第Ⅳ期『尋常小学修身書』（1934 〜 1939 年度にかけて使用開始）への対応として編まれた『初等修身書』（第Ⅴ期）、1938 年 3 月の第三次朝鮮教育令にもとづいて編纂された『初等修身』（第Ⅵ期）、1941 年 3 月の「国民学校令」以降に編纂・発行された『ヨイコドモ一年』、『ヨイコドモ二年』、『初等修身第三学年』、『初等修身第四学年』、『初等修身第五学年』、『初等修身第六学年』（第Ⅶ期）の 7 期に区分される[3]。

　時期ごとの詳細な検討は別稿に譲るとして、ここでは、教科書で扱うテーマ・内容の設定がなされる際、朝鮮での教育活動であることが明確に意識されていたことの確認のため、シンポジウム当日にも例示した 1910年代と 30 年代の 2 つの教科書に注目したい。

　ひとつは『普通学校修身書巻一』（1918 年）である。初期の教科書編纂に携わった長根禅提はこの修身書について以下のように述べている。

　　「清潔」の課を設けたのは、清潔の習慣を養成するやうにすることは、現下の朝鮮の児童に対しては、特にその必要を認めるのである。「お祖父さんとお祖母さん」の課を設けた理由は、尋常小学修身書巻一に於ては、「親の恩」「親を大切にせよ」「親のいひつけを守れ」の三課を設け、孝の道を示して居るが、朝鮮に於ては、一般に祖父母の同居するのが多く、これが最も普通の状態なのであるから、父母に対する心得を示すだけでは、幼者に対しても尚ほ不満足たるを免れない。そこでこの課を設けたのである。又「親切」の課を設けたのは、内鮮融和の意を寓したものであつて、朝鮮の児童が、内地人に路を教へて居るところを出したのである[4]。

　この説明から、「清潔」、「お祖父さんとお祖母さん」、「親切」という課が朝鮮の事情を「考慮」した結果として設けられたことが分かる。実際に『普通学校修身書巻一』（1918 年）には、ここに挙げられているテーマをすべて確認することができる。「清潔」の課には、家の掃除に勤しむ朝鮮人児童の挿絵があり[5]、「お祖父さんとお祖母さん」の課には、祖父母を手伝う朝鮮人児童の姿がある[6]。また長根が「内鮮融和の意を寓した」という「親切」の課には、和服姿の「内地人」男性に、朝鮮の子ど

もが道を示す挿絵があり、そこには、「人ガミチヲキイテイマス　子供ガ
シンセツニオシエテイマス。人ニハシンセツニシナケレバ　ナリマセン」
とある[7]。挿絵に多少の変化はあるが、これらの内容はその後の教科書
改訂を経ても残り続け、1940 年代に修身が国民科の一科目となっても教
科書の中に確認できるものである。朝鮮の修身教育がその内容・使用教
材に独自性を有していた例である。

　第二の例として、1937 年の『修身書巻五』に注目したい。同書の編集
に関わった鎌塚扶によれば、「巻五の編纂に取りかゝつたのは昨年の三月
始であつたが、稿本が愈々局長の決裁を経て印刷所へ廻されたのが同年
十一月末ですから、編者の頭に孕み、経過をとり、編者の手許を離れる
までに、凡そ九箇月かゝつてゐます。その間に並行して編まねばならぬ
ものに同書の教師用書があり、四年制度用巻三の児童用書及教師用書が
あつた。それで昨年は編者にとつて相当多忙な年であつた」[8]という。

　『修身書巻五』を編纂するにあたり、特に編者が注力、苦心したことを
示す鎌塚の以下の文章に注目したい。

　　　　今の処、各巻を編述する上の苦心は一つに各要目徳目の持つ特有
　　　の意味及時代的使命を如何にして表現記述するか換言すれば所定の
　　　要目の意味と使命を十分に表現するに都合よい訓示を草し又はそれ
　　　に適合する例話を探索し、取捨し、整理記述することに集まつてゐ
　　　るのであります[9]

　例えば、『修身書巻五』では、「至誠」の課に適切な資料を選定しよ
うとした際、いったんは「乃木将軍の至誠」や「藤樹先生全」を候補と
して検討するも最終的には朝鮮を舞台とする記事を基にした資料を採用
したと述べ、これについて、「朝鮮資料であるといふ強みもあるので、
これを整理記述することにしたのであります」と述べている。朝鮮の修
身書に適切な表現や例話の決定というものが編集作業において重要視さ
れていたことが分かる。

　この「朝鮮を舞台とする記事を基にした資料を採用」という措置につい
ては、後に 10 校の学校から意見が寄せられたという。その意見は、「『教
材が餘り郷土重視に偏せざるか。』といふ心配をするものが二校で『例話

を朝鮮の実話に多くとりたる点難有し。』といふのが八校」[10] とある。

　こうした教材の独自性とその評価については、実践者らによる教材研究や実践研究の中でもしばしば指摘される。この点については改めて後述する。

２．教授時間数の変化

　次に修身の教授時間数に注目する。朝鮮の初等学校では当初からすべての学年において修身の教授時間数は原則週１時間とされていた。冒頭で述べたように、修身は筆頭に挙げられる教科ではあったものの、その時数については他の教科に比して多いというわけではなかった。

　この週１時間という時数に関しては、1936 年１月に忠清南道の洪城普通学校から、「修身科ノ教授時数一週間ニ一時間トセラレタル理由如何」という質疑が朝鮮総督府に提出されている。当時、朝鮮総督府編修官を務めており、修身書の編纂にも関わった前出の鎌塚はこの質疑に対して以下のように回答している。

　　　朝鮮教育令第二条ニヨリ普通学校ニ於テハ常ニ又如何ナル場合ニモ「徳育ヲ施ス」ベキコトヲ忘ルベカラズ。随ツテ何レノ材料モ徳育上ノ分担ト国民タル性格ノ涵養担当セルモノナルヲ忘ルベキニアラズ。斯ク考フルトキ修身科ノ教授時数ハ現在ノママニテモサシタル不足ヲ感ゼザルベシ [11]

　徳育は修身という一教科内でのみ行うものではなく、学校での教育活動全体を通じて行うものであるため、週に１時間という修身の授業時数は適当であるというのが鎌塚の回答であり、これは総督府の見解として示されたものでもある。

　しかし、実際にはこの回答が公表された２年後の 1938 年以降、修身の教授時数は週２時間に増加している。この時期の「小学校規則」の修身に関する規定部分には、「皇国臣民タルノ志操ヲ固クシ忠君愛国ノ志気ヲ養ハン」（第 17 条）という文言が新たに加わっていることからもわかるように、この時数増加の背景には、いわゆる「皇民化教育」の強化が

あった。

　1940年代には「皇民化教育」の「中核的科目」として修身がさらに重視されていることを窺うことができるものとして、朝鮮総督府編修官の吉田正男による「国民科修身教科書の体系とその重点」という論考がある。以下の文章はその一部である。

　　　凡そ皇国に生をうけたものは、皇国が万世一系の天皇、皇祖の神勅をうけて永遠に之を統治し給ふところであることを確実に把握せねばならない。これこそ一切の出発点であり、帰着点であつて、あらゆる教科・科目の窮極の狙ひは正にこのことを徹底理会せしめるにあるのであるが、特に修身は国史や国語などとともに、その中核的科目として重要な位置を占める。随つて修身教材は常に国体の精華を明らかにし、国民精神を涵養し、皇国の使命を自覚せしめ、忠君愛国の志気を養ふに適切なるものを選んでゐるのである。[12]

　この記述からは、「皇民化教育」の徹底に伴って修身の「中核的科目」としての位置づけが強調され、教育内容にも「忠君愛国の志気を養ふに適切なるもの」を特に選ぼうとしていたことが分かる。

　朝鮮における初等学校の修身は、当初から筆頭に挙げられた科目であったが、「皇民化教育」の強調に伴って時数が増加し、1930年代後半から40年代には、その重要性と「中核」としての位置づけがより顕在化したとみることができる。

3. 修身教育の実践に関する研究

　ここでは朝鮮における修身教育の実践に関する当時の研究活動とその内容に注目する。特に本稿では、朝鮮初等教育研究会による研究活動を取り上げる。同研究会は、京城師範学校に付設された研究会で、1928年4月から1941年6月まで月刊で『朝鮮の教育研究』という雑誌を発行した。おもに会員である初等教員や師範学校の教員らによる教育実践研究や活動報告等が掲載され、当時の学校教育に関する比較的現場性の高い論考・記事が見られ、朝鮮における教育実践研究の趨勢と到達点を窺う

ことができる。教員らによる純粋な実践研究という面もあるが、同誌には総督府関係者らによる文章や植民地教育政策推進のための啓蒙記事も散見され、雑誌自体が帝国日本による統治政策の方針に沿うという範疇から逸脱するものではないということも指摘しておかなければならない。

（1）『修身訓練の諸問題と其の実際』（1929 年）

　『朝鮮の教育研究』の各号で修身教育の実践に関してどのような論考・記事が掲載されたかという点については後述することとし、ここでは、同誌の特集号として 1929 年に発刊された『修身訓練の諸問題と其の実際』の存在とその内容に注目したい。

　同書は、その「はしがき」によれば、1929 年 10 月 10 ～ 12 日に開催された朝鮮初等教育研究会主催の研究大会（大会のテーマは「修身訓練に関する諸問題」）における「研究討議の結果を広く我が初等教育界にお送り致すべく」出版されたものである。同書には、修身教育の実践についての論考が 27 篇（赤木萬二郎京城師範学校校長兼「朝鮮初等教育研究会」会長による講演記録 1 篇を含む）収録されている。その内訳は、京城師範学校教員によるもの 10 篇、高等小学校教員によるもの 1 篇、小学校教員によるもの 5 篇、普通学校教員によるもの 10 篇、「内地」の視学（ただし、前京城付属普通学校主事）によるもの 1 篇である。

　同書に収録されている赤木萬二郎による「開会の辞」には、「さて本年の研究題目は『修身訓練に関する諸問題』でありまして現下の初等教育界にありては最も研究を要する重要の問題であるのであります。しかるに特に本年は会員各位の中よりも研究発表申込の方二十八名の多きに達し、本会としては未曽有のことでありまして御同慶の至り斯道の為に洵に欣快に堪へざる次第であります」[13] とある。また、赤木は閉会に際しても、「今回のものは稀に見る各位の御熱誠に依り意見御発表の御申出も多く、今日までかくも盛会に終始致し、且つ承る処によれば、昨日は遅くまで諮問案審議委員の方々は熱心に御討議に相成り、その御作製の答申案は洵に教育実務者の声として本会の目的に即したる大なる収穫であると思ふのであります」[14] と述べており、修身教育をテーマとした研究活動が朝鮮において重要とされ、また、それをテーマとした研究大会が盛会であったことが窺える。

　同書の中でも特に朝鮮における修身教育の実践であることを意識した
ものとして次のような論考が確認できる。中野数磨の「内鮮児童の道徳
意識に関する一考察」は、「道徳的価値判断に対する内鮮両児童の特質
でも比較考察して見たい」[15] という思いからなされているほか、深江熊
蔵が勤務先である平安南道鎮南浦公立第二普通学校での実践をまとめた
「我が校の修身訓練」の中では、「朝鮮に特別なる国民教育の難点は其民
族観念に併合の趣旨に添はざる各種の不純を含む点に在る故に朝鮮民族
の国民教育は此不純を去りて純真に帰せしむることを緊切の急務とする
…（中略）…要するに朝鮮民族の国民教育は我が国体の本源に培ひ国民
精神の真髄に養ひ（一）民族観念の純化（二）淳真なる性格の養成に向
けられねばならぬ徒に枝葉末節に走りての匆忙なる日本魂の推しつけは
却つて反対の結果を招来せざるを保し難し斯る場合特に歴史と習慣の顧
慮を慎重にしたい」[16] と述べられている。さらに京城梅洞公立普通学校
の朝鮮人教員である洪範植が、「出来得る限り材料を半島内から多く採る
方がよからうと思ひます。それでなければ朝鮮の民の生活に即しないの
であります。要するに日本帝国の大幕の下に朝鮮は特殊化し分化せねば
ならぬものと存じます」[17] とし、修身教材の「郷土化」を説いているこ
と、平安北道義州公立普通学校訓導の前田二郎が、「普通学校修身書巻三
にある本居宣長の『せいとん』貝原益軒の『かんだい』等の如き、少な
くとも普通学校の児童を導く教材としては適切なものとは言ひ得ないだ
ろう」[18] と教材の適切性に課題があることを指摘し、「児童生活乃至現前
ノ社会カラ適切ナル材料」を精選する必要性を説いている点、京城師範
学校訓導の岩島一二三が、普通学校の初学年における修身教育の際には、
「内地人教師が鮮人児童を教育するには更に深刻にこの児童の本性を凝
視し把握することが大切である」[19] と朝鮮人児童観の重要性について述
べるとともに、「指導上の注意」として、「朝鮮の良風美俗は尊重し悪風
は改善せしめねばならぬ。この際内地風の習慣を強要することは注意を
要する」[20] と説いている点等が注目される。

　「内地人」児童と朝鮮人児童との違いを踏まえた指導、「民族観念に併
合の趣旨に添はざる各種の不純」を除去すること、教材を朝鮮人の生活
に即したものにすること、「内地」の習慣を強要することなく、「朝鮮の
良風美俗は尊重し悪風は改善」といった朝鮮における実践であるがゆえ

の課題や留意点が示されている。

　『修身訓練の諸問題と其の実際』に所収されたその他の論考はおもに修身教育一般について論じたものが多いが、その執筆者は朝鮮での教育実践に直接関わりを持つ者ばかりである。したがって、それらが朝鮮での経験を踏まえて記されたものであることを考えると、修身教育一般について論じられたものであってもやはり朝鮮での実践と切り離しては捉えることができず、同書は朝鮮における修身教育論の独自性を窺わせる内容となっている。

　先述したように、同書は『朝鮮の教育研究』の特集号として発行されたものである。では、毎月発行された『朝鮮の教育研究』の各号には修身教育に関してどのような論考・記事が収められたのか。次節では『朝鮮の教育研究』に掲載された修身教育の実践に関わるより具体的な記述について見ていきたい。

（2）田中彌市による教材・実践研究

　『朝鮮の教育研究』に掲載された修身教育関連の論考・記事には、修身教育一般について論じたものから特定の教材や徳目について細かく扱うものまで多様にあるが、ここでは特に修身教育で実際に使用される教材についての解説や留意点について論じたものに着目し、その独自性について検討したい。

　こうした観点から『朝鮮の教育研究』を通観すると、1929 年 4 月から 1939 年 3 月にかけて掲載された田中彌市による修身教育論および修身教材についての解説・研究が注目される。田中は朝鮮初等教育研究会が設置された京城師範学校に所属した人物であり、朝鮮における修身教育の実践に迫っていくうえでのキーパーソンと考えられる。田中の論考の中には朝鮮人児童に対して行う修身教育であることを強く意識していたがゆえの指摘が散見される。これらは田中の個人名で発表されたものであるが、朝鮮における初等教員の「日常執務の指針」や「伴侶」として発行された『朝鮮の教育研究』に 10 年にわたって掲載され続けたことを踏まえれば、朝鮮初等教育研究会がその重要性を会として認めていたといえよう。

　田中は 1929 年に発表した「修身科の郷土化」という論考の中で、「我

が京城に於ては特に次の事項に就て此郷土なる京城にある事物事象に則して教科書の徳目と連絡しつゝ十分に注意し徹底を期すべきである」と述べ、教科書のテーマ、記述内容が京城の事物事象と関連付けて実践されることの必要性を説いている。さらに、「特に徹底すべき事項」として、「内鮮人の融和を計ること」や「公共物を大切にすること」、「集会場にて不作法をせぬこと」、「野卑な言語風俗を避けること」、「公衆衛生に気をつけること」等の14点を挙げている[21]。列挙された各事項について詳しい説明が加えられていないため、その具体的な実践例までは窺い知ることができないが、ここに挙げられたテーマとしては、おもに公共性や対人作法に関わるものが複数挙げられている点に特徴を認めることがでる。また、この論考が掲載された『朝鮮の教育研究』には、中野数磨による「内鮮児童の道徳意識に関する一考察」という文章も確認でき、その中には「私は昨年初めて普通学校児童教養の任に就いた者であるが、直接普通学校の雰囲気に浸って、いろいろな方面に於て、其の特質の小学校のそれと異なることの多いのに今更のように感ぜさせられた」[22]とあり、小学校と普通学校、すなわち日本人児童教育と朝鮮人児童教育との違いを感じた教員の実感が述べられている。これを踏まえると、田中が朝鮮において「特に徹底すべき事項」を具体的に提示したことは、朝鮮人児童に対する修身教育の「充実」やそれに携わる教員による実践の円滑化に資するという意義があったと思われる。

　また、公共性ということに関連して紹介したいのは、同年の田中による「公益」というテーマについての教材研究である。その中には、「我が朝鮮と云ふ郷土から考へて見ると昔から公共の為に大いに力を尽した人や是等の公益事業としての遺物遺跡も比較的少ない様である。…（中略）…かゝる雰囲気の中に育てられた児童であるから自然と此の方面の道徳意識が不足してゐる事は吾々の日頃の生活中に此の交易の必要なる事を知らしめると共に之を体験させる事を具体的に教へて是が実践上の指導と機会とを与へ本徳目の徹底を計りたい」とあり、「公益」を教えるに適した例が朝鮮に少ないことを指摘している[23]。

　田中は、1930年の4月と5月に、「新訂普通学校修身書編纂方針」と題した論考で、この時期に新たに編まれた修身教科書の編纂方針およびその特徴について解説している。田中は、従来用いられていた教科書が

改訂されるに至った経緯について、「旧制普通学校修身書は早々の間に改訂せられて大正一一年度より使用せられたるものである。而して此の編纂の任に当られた方も十全十備なるものであるとの確信ない事は当時発表されたるものに依つても知ることが出来ると共に、時勢の進運は本修身書を以て益々満足を許さない様になつて来たことは事実である」[24] と述べ、これまでの修身書が十分なもの・満足できるものではなかったことを指摘している。

　こうした問題意識のもと、具体的な改善の方向性として、「徳目は日本帝国民を育成するに必要なるものに重きを置き在来の美風良俗を保存し悪風を改善し以て時勢の進運に適応せしめ明るき潤のある国民を養成するに適切なるものをより一層選択すべきである」ことを指摘し、「我が総督府は此の半島の第二の国民として将来栄ある大日本帝国民として有為なる国民となすべく教育する為に現下の国情に鑑みて昭和三年八月三日に臨時教科書委員会なるものを開会せられ」たと、新しい教科書編纂に着手したことについて説明している[25]。

　新しい教科書が編まれるプロセスの中で特に注目したいのは、「普通学校教科用図書編纂に関する一般方針」として、「日韓併合の精神を理解せしめ内鮮融和の実を挙げる為に関連する事項に付一層留意すること」、「東洋道徳に胚胎する朝鮮の良風美俗を振作するに適切なる資料を増加すること」、「朝鮮に於ける家庭及社会の風習を改善するに適切なる資料を増加すること」、「朝鮮の実情に鑑み農村文化の発達を促すべき資料を増加すること」が挙げられている点である。この4点はいずれも朝鮮での教育実践であることを強く意識した事項である[26]。そして、これを踏まえた「普通学校修身書編纂に関する方針」として、「例話、寓話は内鮮のものを主として就中朝鮮のものには特に留意すること」が挙げられている[27]。

　こうした「内鮮融和」への留意や、先に示した朝鮮の実状に応じたテーマの設定、資料の選択という具体的な教科書編纂の方針・様子は、単に「道徳上ノ思想及情操ヲ養成」という科目の目的を示す文言からは見えてこない朝鮮における修身教育の実践面での特徴を窺わせるものである。「内鮮融和」への留意と関連して田中は別の論考で、「修身教育が児童の道徳生活の指導である限りに於て、日頃彼等児童と密接不離の関係あ

る内鮮児童相互の関係について、指導を怠る様な事があるとしたならば、修身教育の本質を忘れたるものであると言つても過言ではあるまい」[28]と述べ、「内鮮児童相互の関係」を扱う実践例として、「ナカノヨイトモダチ」という課に着目して解説している。教材の内容は日本人の子どもと朝鮮人の子どもがと睦まじく親しみ合うものであり、田中はこれについて次のように説明している。

　　少くとも日韓併合が一視同仁、同胞親睦の聖帝の大精神に発してゐる以上本問題は何れの教科目に於ても最善を尽くすべきであるが特に本科に就ては十二分留意すべきである。ところが事実は感情問題等の関係上此の方面の取扱が比較的粗漏ではないかと思ふものがある。…（中略）…恐らく小、普、何れの学校に於ても此の方面に対する指導に不十分なる点があるのではないかと疑ふものである[29]。

　また、同じ解説の中で田中は、「実に国際的な大日本国民を養成せんとするならば先づ手易い此の日鮮の融和を計る事は急務中の急務ではないかと確信するものである」と述べている。この点については朝鮮人児童への修身教育の課題として述べているものであると同時に、小学校における在朝日本人に対する修身教育の課題としても捉えることができよう。
　その後、『朝鮮の教育研究』1931 年 4 月号には「朝鮮に於ける初等修身教育上常に留意すべき実際問題」と題して、「常に指導者の念頭に置かねばならぬ、最も大切な点の二十項」を挙げており、その中でも、「特に重きを置く事」として、「朝鮮民族性の長所短所とを知り一は之を助長し一は之を補ふ様な徳目に関するもの」を挙げている[30]。また、同論考では、教育勅語を理解させる際、朝鮮の事情に即して「偏見を起さぬ様に平易に解釈して実行の資となし、卒業までには暗誦し得る様にしたい」とも述べている。ここに出てきている「偏見」とは、「（1）勅語は神聖であるから解釈してはならぬと思ふ事」「（2）日本特有の専売特許の道徳と思ふ事」「（3）権力主義的に解釈する様に思ふ事」「（4）勅語ある故に他の宗教を排するものであると思ふ事」の 4 点であることもあわせて示されている[31]。
　1932 年 1 月号では、普通学校修身教科書の編纂方針を述べたうえで、

改訂された『普通学校修身教科書巻三』の「特異相」として、「地方的材料を多く採用したること」を挙げ、「朝鮮材料」を「二十課中十課」に採り入れたことを指摘している[32]。

　しかし1932年当時、田中は教科書がいわば朝鮮仕様に改訂されても、その実践については「不振」であるとの認識をしていたようである。「教へざる眞の修身教育」と題した論考の中で田中は修身教育「不振」の要因として、「（一）吾人教育者の自己反省の不徹底、（二）児童生活の凝視不足、（三）題材観の不確立、（四）指導方法の不徹底等」を挙げ、その改善の必要性を説いている[33]。

　こうした問題意識を持ち、その後も田中は1930年代を通じて修身教育論および教材解説をたびたび発表しており、1937年に『修身書巻五』が改訂された際には、その内容について具体的かつ詳細な解説を行っている。特に、「自立自営」や「勤労」、「公衆衛生」、「興行地産」、「皇大神宮」、「教育勅語」の課については、朝鮮における実践としての特徴を前面に押し出しつつ解説を行っている。これらの中でも他の課と比してより詳細な解説がなされている「教育勅語」の教材についての解説を紹介したい。

　まず、朝鮮における実践であるがゆえの「指導上の留意点」として、「日本帝国の専売特許の如く狭義に解すること、又特に内地人のみに下賜されたる勅語であると解する」ような「偏見」を排すことが挙げられている。続けて教育勅語の各箇所についてそれぞれ解説が付されている[34]。

　例えば、冒頭の「我カ皇祖皇宗国ヲ肇ムルコト…」の部分を修身科の教育で扱う際には、「今や朝鮮は肇国宏遠なる帝国の一部となり、朝鮮人は忠孝を以て世々厥の美を済せる帝国臣民に列し、樹徳深厚なる皇室の一視同仁の御恩沢にするに至れるを以て一意奉公の誠を効し、帝国臣民たるに恥ぢざらんことを要す」[35]ことが留意点として挙げられている。また、「爾臣民父母ニ孝ニ」の部分では、「こゝに爾臣民と仰せられたるは広く現在及び将来の帝国臣民を指し給へるものなるが故に、朝鮮人が既に帝国臣民となり教育に関する勅語の特に朝鮮に下付せられたる今日に於ては此の中に朝鮮人をも含めるものと拝察すべきなり。以下臣民と仰せられたるはすべて之に準ず」ことと解説されている。

　また、「国憲ヲ重ジ」の部分では、「朝鮮は新政日尚浅く、諸般の事情内地と同じからざるもの多きを以て、帝国憲法は未だ内地と同様に此の地に施行せらるゝに至らざれども朝鮮が既に帝国の一部となりたる以上、朝鮮人に対しても之を尊重することを知らしむべきや勿論なり」とされ、さらに、「一旦緩急アレバ義勇公ニ奉ジ」の部分では、「朝鮮には徴兵令未だ布かれざる朝鮮人は内地人と同様に兵役に服する能はざれども国家に急変ある場合には或は財力により、義勇奉公の精神を以て国家に尽くすべきこと多きを知らしむべし」[36] と、いずれも朝鮮人にとっての教育勅語という観点から解説されていることがわかる。

　さらに、「爾祖先ノ遺風ヲ顕彰スルニ足ラン」の部分には、「古来朝鮮より内地に、又内地より朝鮮に移住せる者は其の数頗る多きが故に、内地人には共同の血液流るゝのみならず、内地と朝鮮とは民族風俗相近きが上に仏教は何れにも久しく行はれて民心に大なる影響を与え、其の道徳観念は頗る相同じきものあり。是を以て朝鮮名賢の教ふる所は勅語の御旨趣に合致するもの極めて多く朝鮮人の後裔たる帝国臣民にして芳名を国史に遺せる者は既に記せるが如く其の例決して少なからざるなり」[37] と両者の文化的近似性に触れており、朝鮮での実践を念頭においたものとしての特徴が指摘できる。

　そして、全体を通しての留意点として、「要するに教育に関する勅語の御旨趣はすべて朝鮮人をして之を服膺せしむるに於て何等支障あることなし。唯朝鮮目下の時勢に応じ、勅語の御旨趣を朝鮮人に徹底せしむるには、説明上特別の注意を要するあるのみ、明治天皇が勅語の結尾に於て『咸其徳ヲ一ニセンコトヲ庶幾フ』と宣せられたるは民族宗教の如何を問はず、国民一般に其の徳を一にし、同一国民性を保たんことを望ませ給ひしものなりと拝察することを得べし」[38] と述べている。これは教育勅語を扱う際の留意点であるが、ここで指摘されていることの内容・特徴を踏まえると、天皇制や国体といったテーマに関わる内容を修身で扱う際にも同様の方針、留意のもとで実践されることが期されたと考えることができる。

　『朝鮮の教育研究』上での田中による修身教育についての論考や教材解説は 1939 年 3 月で終了しており、1939 年 4 月号からは草野勳夫が「普通学校修身書巻六の教材解説と留意点」を 1940 年 3 月まで連載した。草

野の修身教材解説には、田中のそれと比して朝鮮における実践であるが
ゆえの課題や留意点といった特有の問題についての言及は少ないが、『修
身書巻六』を使用した実践の「留意点」として、「一、併合前の韓国一般
について簡単に知らしめ併合の所以を十分理解させねばならぬ」「二、併
合前と併合後を比較することによつて聖恩の鴻大なるを悟らしめ感恩奉
仕の念を養はねばならぬ」「三、内鮮人の使命と理想とを十分了得せしめ
たい」「四、特に内鮮人の其同一致といふ点を強調したい」[39]という点を
挙げている。

　以上、おもに田中彌市による修身教育の実践に関わる論考や教材解説
についてみてきた。『朝鮮の教育研究』1941年1月号に「修身教育への
呼びかけ」と題した論考を寄せた黒木一男が、「現在の修身科の教授を如
何になすべきかは、総督府編纂の教科書の範囲を出ずとも或いはよいか
も知れない。然しながら今日吾々初等教育界に身を投じてゐる者にとつ
ては、教師用教科書に述べられてゐる事のみを児童に伝へるだけでは未
だ十分だとは言へないと思う」[40]と述べているように、当時の朝鮮の教
育現場には、総督府編纂教科書の内容をただ伝えるだけでは十分でない
という認識があった。こうした状況を踏まえると田中による朝鮮の実情
に即した具体的な解説・提言は朝鮮における修身教育の実践に少なから
ぬ影響を及ぼすものであったと考えられる。

まとめにかえて

　以上、朝鮮における修身教育の実践に関わる特徴、特に独自性という
点に注目して教科書のテーマや資料選択、教授時間数の変化、教材解説
や実践での留意点について取り上げて紹介した。

　最後に、朝鮮の修身教育について今後さらに検討を加えていくうえで
必要な観点、特にこれまでの研究ではあまり意識されてこなかったので
はないかと思われる2点について書き記しておきたい。

　ひとつは、朝鮮人児童に対する修身教育が、他方で展開されていた在朝
日本人児童に対する修身教育とどのような連関や整合を保ちながらデザ
インされていたのか、そして実践されていたのかということである。例
えば、本論の中でも一部触れたが、「内鮮融和」や「同祖論」的な説明や

解説は、朝鮮人児童のみならず、在朝日本人の子どもたちに対しても行われたはずであり、両者にどのような共通性と差異があったのか、こうした点についての検討が必要だろう。

　そしてもうひとつが、就学状況を踏まえた「実態」把握の必要性である。日本が設置した朝鮮人児童対象の初等学校で使われた教科書やその編纂、科目の目的や実践について見ていくことが、当時の朝鮮人に対する総督府の教育意図を把握する、あるいは現場での実態を把握することのように捉えてしまいがちだが、実際には朝鮮人児童の普通学校への就学率は決して高いとはいえず、本稿で指摘したような修身教育を実際に受けた朝鮮人の子どもたちは量的に限定されていたということも忘れてはならない。1922年までは書堂に通った子どもの方が多く、1940年代でも朝鮮人の初等学校への就学率は5割が目標とされた状況であった。今後、朝鮮における修身教育の実態や受け手の意識といったようなことについて論を及ぼそうとするならば、こうした就学の状況や時期的、階層的、性的、地域的な差というものを念頭に置いた分析が必要になってくるだろう。

【註】

1　シンポジウムでの報告および本稿は筆者による「植民地朝鮮における修身教育の実践―研究活動および教材解説の分析を中心に―」（2019）を下敷きとしているため、同論考との重複があることを予め断っておきたい。
2　김순전らによって編集された『朝鮮総督府初等学校修身書 原文上・下』（2006）は、1918年から1944年の期間に、朝鮮総督府が編纂・発行した修身書の原文をテキスト化して掲載しているほか、「序文」では修身書の時期別の特徴について概説されている。
3　時期の区分やそれぞれの時期における教科書の構成については、『日本植民地・占領地の教科書に関する総合的比較研究―国定教科書との異同の観点を中心に―』科学研究費補助金（基盤研究B・一般）研究成果報告書　別冊『日本植民地・占領地・国定教科書目次目録』（研究代表者：宮脇弘幸）、藤田昌士「朝鮮総督府編纂・初等学校用修身教科書の検討―天皇像と軍事教材を中心に―」参照。
4　長根禅提「普通学校修身書下学年の教材について」、『文教の朝鮮』、1925年10月号、62頁。
5　朝鮮総督府『普通学校修身書巻一』、1918年、9頁。
6　同上、13頁。
7　同上、26頁。
8　鎌塚扶「普通学校修身書巻五の編纂に於ける一苦心」、『朝鮮の教育研究』

　　　1938 年 9 月号、6 頁。

9　同上、6-7 頁。

10　田中彌市「新訂修身書巻五の教材解説と留意点」、『朝鮮の教育研究』1938
　　年 4 月号、12 頁。

11　鎌塚「修身科質疑ニ対スル回答事項」、『文教の朝鮮』、1936 年 3 月号、55 頁。

12　吉田正男「国民科修身教科書の体系とその重点」、『文教の朝鮮』、1944 年 3
　　月号、21-22 頁。

13　赤木萬二郎「開会の辞」、『修身訓練の諸問題と其の実際』、1929 年、1 頁。

14　赤木「閉会に際し」、同上、2 頁。

15　中野数磨「内鮮児童の道徳意識に関する一考察」、同上、32 頁。

16　深江熊蔵「我が校の修身訓練」、同上、105 頁。

17　洪範植「普通学校に於ける道徳教育の改善を叫ぶ」、同上、113 頁。

18　前田二郎「等閑に附せられてゐる修身科の任務」、同上、181 頁。

19　岩島一二三「普通学校初学年の修身教育」、同上、183 頁。

20　同上、188 頁。

21　田中「修身科の郷土化」、『朝鮮の教育研究』、1929 年 4 月、109-110 頁。

22　中野「内鮮児童の道徳意識に関する一考察」、『朝鮮の教育研究』1929 年 12 月、
　　29 頁。

23　田中「小学校普通学校修身書巻五公益の教材研究」、『朝鮮の教育研究』1929
　　年 6 月号、72 頁。

24　田中「新訂普通学校修身書編纂方針（一）」、『朝鮮の教育研究』1930 年 4 月号、
　　57 頁。

25　同上、57 頁。

26　同上、58-59 頁。

27　同上、59 頁。

28　田中「新訂普通学校修身書編纂方針（二）」、『朝鮮の教育研究』1930 年 5 月号、
　　78 頁。

29　同上、79 頁。

30　田中「朝鮮に於ける初等修身教育上常に留意すべき実際問題」、『朝鮮の教育
　　研究』1931 年 4 月号。

31　同上、71-74 頁。

32　田中「新改訂普通学校修身書巻三の特異相」、『朝鮮の教育研究』1932 年 1 月号、
　　61 頁。

33　田中「教へざる眞の修身教育」、『朝鮮の教育研究』1932 年 8 月号、53 頁。

34　田中「新改訂修身書巻五の教材解説と留意点」、『朝鮮の教育研究』1939 年 3
　　月号、62 頁。

35　同上。

36　同上、63 頁。

37　同上。

38　同上、64 頁。

39　同上、1939 年 10 月号、125 頁。

40　黒木一男「修身教育への呼びかけ」、『朝鮮の教育研究』1941 年 1 月号、89 頁。

【参考文献】
（韓国語）
정태준「일제강점기하 수신교과의 정책연구」『일본어교육』27、2004、235-263 頁。
김용갑 , 김순전「일제강점기『보통학교수신서』의 “조선 ” 에 관한 서술변화 양상」
　『일본어문학』29、2006、201-223 頁。
박제홍「『보통학교수신서』의 등장인물을 통해 본 일제의 식민지교육」『일본어
　문학』39、2008 、451-474 頁。
서강식「일제강점기 하의 보통학교 수신서 변천 연구 - 덕목변천을 중심으로 -」『초
　등도덕교육』48、2015、1-22 頁。
서강식「일제 강점기 수신교과서의도덕적 모범인물 창출에 관한 연구 - 니노미야
　긴지로를 중심으로 -」『초등도덕교육』52、2016、19-40 頁。
（日本語）
関根明伸「米軍政期の公民科に見られる韓国道徳教育の原点─『初等公民』教科
　書の分析を中心に─」『Asia Japan Journal』7、国士舘大学アジア・日本研究
　センター、2012 年、39-55 頁。
藤田昌士「朝鮮総督府編纂・初等学校用修身教科書の検討─天皇像と軍事教材を
　中心に─」『民主教育研究所年報』第 10 号、2009 年、287-310 頁。
本間千景「韓国「併合」前後の修身教科書にみる教育理念の変遷」『朝鮮史研究
　会論文集』40、2002 年、277-309 頁。
山下達也「植民地朝鮮における修身教育の実践─研究活動および教材解説の分析
　を中心に─」『韓国文化研究』9、2019 年、39-64 頁。
山下達也「日本統治期朝鮮における学校観形成の一側面 ─普通学校修身書にみ
　る学校の描写と指導の変遷─」『韓国文化研究』11、2021 年、27-56 頁。

日本植民地統治下台湾における修身科教育の成立と展開、その受容

白柳弘幸＊

はじめに

　統治下台湾にて初等教育を行う公学校が初めて設置されたのは 1898（明治 31）年 7 月 28 日。その前段階として 1896（明治 29）年 5 月 21 日から台湾総督府直轄国語伝習所乙科にて初等教育の実験段階の教育が行われた。その間、修身科は教科としての規定はなく、公学校設置後も、教科として定められていたが教科書はなかった。現場の教員たちから教科書を待ち望み、「教師も児童も特に怠り勝ちになるのは修身科であるまいかと思ふ。該科はまだ教科書もなし、上級生に只要領を筆記せしむ位で、其の他は記帳して居らぬから、復習の粗略になるといふことは自然の勢である」[1] などの投稿が『台湾教育会雑誌』に見られた。しかし台湾総督府（以下、総督府）は統治開始に伴う多くの案件を抱えそれに応えられずにいた。公学校で児童用教科書を用いて修身科教育が始められたのは 1914（大正 3）年 2 月の『公学校修身書』からで、公学校設置後 16 年後であった。

　日本国内（以下、内地）では、維新後より民間による教科書発行が行われ、修身教科書もあった。1903（明治 36）年 10 月、教科書疑惑事件を機に国定教科書として『尋常小学修身書』（以下、国定修身書とし二重鍵括弧を外す）が発行された。台湾総督府『公学校修身書』（以下、府定修身書とし二重鍵括弧を外す）は国定修身書の影響を多く受けたが、台湾でのみ重視したことは何であったのか、逆に軽視したことは何であったか。共通することは何であったのか。それらを明らかにすることで、台湾での修身教育の特徴が捉えられると考える。そして、そうした教育を受けた方々はどのようにそれを受けとめていたのか。

＊玉川大学学術研究所

1　日本国内での修身科設置

1-1　学制発布から教育勅語発布前まで

　1872（明治 5）年 8 月の「学制」[2]（太政官布告第二百十四号）にて、下等小学校、上等小学校が規定され、綴字、習字、単語、会話、読本、修身、書牘などとともに教科としてあがった。1871（明治 4）年 7 月 18 日、文部省が設置され、1872（明治 5）年 9 月の「小学教則」（文部省布達番外）にて、修身口授として『民家童蒙解』『童蒙教草』などをもとに教師が言い聞かせるよう示された。1879（明治 12）年 9 月 29 日の「教育令」[3]（太政官布告第四十号）では「小学校ハ普通ノ教育ヲ児童ニ授クル所ニシテ其学科ヲ読書習字算術地理歴史修身等ノ初歩トス（以下、略）」などと規定され、ここでも修身は第 6 番目の教科としてあがった。また、教育の権限を大幅に地方に任せた。

　しかし、地方の教育の進展が思わしくなく 1880（明治 13）年 12 月 28 日の「第二次教育令」（太政官布告第五十九号）では、再度統制が加えられることになった。1881（明治 14）年 5 月の「小学校教則綱領」（文部省達第十二条）では、修身が小学初等科、中等科、高等科にて初めて各教科目の筆頭教科となり、以後、終戦まで続く。さらに第十条にて「修身初等科ニ於テハ主トシテ簡易ノ格言……事実等ニ就テ児童ノ徳性ヲ涵養スヘシ又兼テ作法ヲ授ケンコトヲ要ス」と、修身科の目標が明文化された。1885（明治 18）年 8 月 12 日の「第三次教育令」（太政官布告第二十三号）にて、小学校では学年編制ができ学年別の教科書が発行され始めた。学制発布 13 年後であった。1886（明治 19）年 4 月 10 日の「小学校令」[4]（勅令第十四号）第十条で「小学校ニ於テハ内外古今人士ノ善良ノ言行ニ……日常ノ作法ヲ教ヘ教員自ラ言行ノ模範トナリ児童ヲシテ善ク之ニ習ハシムルヲ以テ専要トス」と規定された。

1-2　教育勅語発布以後

　1890（明治 23）年 10 月 30 日に「教育ニ関スル勅語」（以後、教育勅語とし、括弧を外す）が発布された。明治天皇が国民教育の基本理念を示した勅語で、以後の近代日本の教育の最高規範書となり、御真影ととも

に天皇制教育推進の中心となった。儒教の色合いの濃い道徳観が主で家父長制度などとともに 21 世紀の今日の日本社会にも影響を及ぼしている。

　1900（明治 33）年 8 月 20 日の「第三次小学校令」（勅令第三四四号）では義務教育制度の完全施行が決定され授業料の徴収が廃止された。本令発布翌日、8 月 21 日に「小学校令施行規則」（文部省令第十四号）が発令。第一章第一節第二条で「修身ハ教育ニ関スル勅語ノ旨趣ニ基キテ児童ノ徳性ヲ涵養シ道徳ノ実践ヲ指導スルヲ以テ要旨トス」と小学校教育にて教育勅語の履行を求めるものとした。さらに、

　　　尋常小学校ニ於テハ初ハ孝悌、親愛、勤倹、恭敬、信実、義勇等ニ就キ実践ニ適切ナル近易ノ事項ヲ授ケ漸ク進ミテハ国家及社会ニ対スル責務ノ一斑ニ及ホシ以テ品位ヲ高メ志操ヲ固クト且進取ノ気象ヲ長シ公徳ヲ尚ハシメ忠君愛国ノ志気ヲ養ハンコトヲ務ムヘシ（以下、略）

　この規定が長く修身科教育の根本となった。戦後、1948（昭和 23）年 6 月の衆議院の「教育勅語等排除に関する決議」、参議院の「教育勅語等の失効確認に関する決議」により教育勅語は効力を失った。

2　台湾総督府の修身科設置

2-1　領台開始直後から台湾教育令まで

　総督府は文部省による修身科教授の方針を受け入れつつ、新領土台湾に居住する人々を新国民とするための教育の基本を修身に置いた。1895（明治 28）年 10 月 17 日の芝山岩第 1 回講習員卒業式が行われ、翌年 2 月 18 日（訓令第十五号）にて「自今官立公私立各学校ニ於テ教育勅語捧読ニ続キ訳文ヲ以テ聖旨ヲ貫徹セントスル時ハ、漢訳文ヲ拝読セシムベキ」と通達した。同年 6 月 22 日の「台湾総督府直轄国語伝習所規則」[5]（府令第十五号）第十三条にて

　　　本所ハ国語ノ伝習ヲ以テ本旨トスト雖常ニ道徳ト教訓ト智能ノ啓

　　発トニ留意スルヲ要ス　道徳ノ教訓ハ　皇室ヲ尊ヒ本国ヲ愛シ人倫
　　ヲ重ンセシメ以テ本国的精神ヲ養成スルヲ旨トシ智能ノ啓発ハ世ニ
　　立チ業ヲ営ムニ必須ナル知識技能ヲ得シムルヲ旨トス

と規定した。直接的に教育勅語の語句を使用しないが「皇室ヲ尊ヒ本国
ヲ愛シ」「本国的精神」などの表現が見られる。儀式で教育勅語の捧読は
行われたが、国語伝習所規則に文言を入れることは慎重であった。台湾
総督府学務部長心得であった伊沢修二が以下のように述べている[6]。

　　余等が渡台以来最も心力を尽くした事は、如何にすれば教育勅語
　　の御精神を彼等に諒解せしめ、彼等をして奉戴せしめ得るかといふ
　　ことであつた……然るに三十年頃になつて人心が頗る落ち着いて来
　　たからして、そこで始めて教育勅語の漢訳文を発布した。

　将来の初等教育開始の実験的の場であった乙科に修身科の規定はみら
れなかった。その後 1896（明治 29）年 11 月 26 日「漢訳　教育勅語之儀
ニ付宮内省ヘ申牒之件」[7]の案として

　　教育勅語ノ　聖旨ヲ本島人ニ遵奉セシムルハ目下教育上最緊要ニ
　　有之候処右人民中国語ヲ解スル者猶僅少ニ有之本文ノママニテハ御
　　旨意貫徹難致虞モ有之候付本島諸学校ニ於テ勅語本文捧読ニ続テ別
　　紙漢訳文ヲ拝読為致条右閣下ヨリ　御上奏相成度此段申進候也

と乃木台湾総督の名の稟議文書が残されている。乃木総督、水野民政局
長、伊沢学務部長らによる合議の上での決定であろう。半年後の翌年 5
月 22 日、伊沢修二は「台湾諸学校官制改正、公学校令実施の件」として、
帝国教育会にて「修身の基礎は教育勅語に則らしめ」ることを表明した
[8]。国語伝習所規則発令の 11 ヶ月後のことである。さらに修身科について、

　　修身に付きまして、余程必要なことは、一番先に礼儀作法を教
　　へるといふことであります……例へば朝先生の前へ出ても、たゞ黙

　　　　つて居るやうな訳で、御早うございますとか今日はとか云ふことは、
　　　　決して言はない……故に先づ礼儀作法といふものを教へ、それから
　　　　して徐々と、此教育勅語の御主意を貫徹せしめるやうにする……教
　　　　育勅語の一部分といふものは、今日迄台湾に行われて居る所の儒教
　　　　に言うて居る所と、殆ど同じ御主意であると申して宜しいでござい
　　　　ませう。

などと演説した。本島人学生に礼法を教授する『台湾適用作法教授書』
は 1896（明治 29）年 11 月 30 日に既に発行している。1898（明治 31）年
8 月 16 日の公学校規則[9]（府令第七十八号）発令にて国語伝習所乙科は
一部を除き公学校に改編された。第一条「公学校ハ本島人ノ子弟ニ徳教
ヲ施シ実学ヲ授ケ以テ国民タルノ性格ヲ養成シ同時ニ国語ニ精通セシム
ルヲ以テ本旨トス」とし、第十条「一修身ハ人道実践ノ方法ヲ授ケ日常
ノ礼儀作法ニ嫺ハシメ且教育ニ関スル勅語ノ大意及本島民ノ遵守スヘキ
重要ナル諸制度ノ大要ヲ授ク」と規定し、台湾においても教育勅語が教
育の根本であることを初めて示した。さらに漢文の『教育勅諭述義』が
1899（明治 32）年 3 月、『祝祭日略義』[10] が同年 12 月に発行された。
　伊沢は『教育勅諭述義』について「漢文で書いたものなれば、教育の
ある台湾人には、大概能くわかる。故に先づその教育勅語の解釈を漢文
に綴つて、此御主意の能く貫徹するやうにすることが、第一着の仕事で
あろうと考へまして、其事も、唯今既に着手して居ります」[11] と述べて
いる。1900（明治 33）年 3 月より、府定国語教科書の第 1 期『台湾教科
用書国民読本』の刊行が始まっていたが府定修身書の発行はまだなかっ
た。
　1904（明治 37）年 3 月 11 日「公学校規則」[12]（府令第二十四号）第十
条に「修身ハ教育ニ関スル勅語ノ旨趣ニ基キテ児童ノ徳性ヲ涵養シ道徳
ノ実践ヲ指導スルヲ以テ要旨トス（以下、略）」と前回以上に詳しい規定
としたが、まだ修身科教科書の発行はない。
　1910（明治 43）年 4 月に教師用『公学校修身科教授資料』巻二が発行
された[13]。教師用のみではあるが待望の教科書発行であった。第一課「読
書算術の必要なること」では、目的として「一通りの読書算術の大切な
ることを教へ、学校へ通学するの必要を知らしむるを目的とす」と述べ、

説話要旨として、児童に語り聞かせる文章が載り、設問内容なども書かれている。1912（大正元）年11月28日「台湾公学校規則中改正」（府令第四〇号）が発令された。第一条で公学校教育の目的が載り、第十八条で修身について述べられたが先の1904（明治37）年3月の公学校規則の言葉を言い換えたものであった。

　1913（大正2）年7月『台湾公学校教科書編纂趣意書』第一篇（以下、趣意書）が発表され、翌年3月に児童用『公学校修身書』[14]が発行された。趣意書には台湾総督府としての修身科教育について詳しく述べられた。

　　　教材ハ台湾公学校規則第十八条ニ依リ、教育ニ関スル勅語ノ旨趣ニ基ヅキテ児童ノ徳性ヲ涵養シ、道徳ノ実践ヲ指導スルニ適切ナルモノヲ選ビタリ。

　　　徳目ニ就ヤテハ、教育ニ関スル勅語ノ旨趣ニヨリ児童心理ノ発達ニ応ジ、台湾今日ノ情況ニ鑑ミ、公学校児童ニ必要ナル諸徳ヲ選択排列シタリ。

　　　国民精神ノ涵養ハ、公学校教育ノ根本要旨ニシテ、修身科ニ於テ最モ力ヲ盡スベキモノナレバ、編纂ノ方針亦最モ重キヲ此ノ点ニ置キタリ

　　　従順ハ学校教育ノ因ツテ行ハルル基礎条件ニシテ、台湾公学校ニ於テハ特ニ一層必要ナル徳目ナレバ、毎巻此ノ徳目ニ説キ及ボシテ、極力従順ノ気風ヲ養成センコトニ努メタリ……他ノ徳目ヲ説クニ当リテモ、常ニ父母・教師・長上・官庁ノ命令・教訓ニ関連セシメテ、間接ニ従順ノ大切ナルコトヲ知ラシメタリ

　　　誠実ハ衆善諸徳ノ源泉ニシテ、本島人児童ノ心性ヲ陶冶スルニ当リテハ、特ニ此ノ源泉ヲ涵養スルノ必要アリ

　　　勤労ハ前数者ト相並ビテ、公学校教育ニ於テ特ニ意ヲ用フベキモノナリ……各巻各処ニ勤労ヲ重ンズルノ精神ヲ鼓吹奨励シタリ

　　　以上述ベタル国民精神ノ涵養・従順・誠実・勤労ノ四ハ実ニ公学校修身教授ノ四大綱領トシテ、編纂上最モ力ヲ注ギシ所トス。其ノ他清潔ヲ勧メ迷信ヲ去リテ衛生思想ヲ啓発スルガ如キ、利己・忘恩ヲ戒メテ公徳・公益ヲ奨励スルガ如キ、残忍・健訟ノ風ヲ抑ヘテ同

情・博愛ノ心ヲ養成スルガ如キ、何レモ公学校教育上吃緊ノ徳目ト
シテ編纂上特ニ意ヲ用ヒタリ

　修身科教育を推進するために示されたのは四大綱領としての「国民精
神ノ涵養・従順・誠実・勤労」を第1教育目標とし、清潔を勧め衛生思
想を啓発、公益を奨励、同情・博愛の心を養成することとした。「公学校
修身書ハ大体国定修身書ノ例ニ倣ヒ」と書かれ徳目主義、人物主義が採
られた。

　1900（明治33）年の「小学校令施行規則」と似るようで、「国民精神
ノ涵養」を公学校教育ノ根本要旨とし従順・誠実・勤労、清潔、衛生思
想、公益、同情・博愛などの台湾の独自性がみられた。

2-2　台湾教育令発布から公立国民学校規則発布まで

　1919（大正8）年1月4日「台湾教育令」[15]（勅令第一号）が発令され
た。第一条で「台湾ニ於ケル台湾人ノ教育ハ本令ニ依ル」とし第二条で
「教育ハ教育ニ関スル勅語ノ旨趣ニ基キ忠良ナル国民ヲ育成スルヲ本義
トス」と規定した。本令は本島人教育に関する学制であって内地人と区
別するためのものであった。これまで教育勅語は修身科規定の文として
載る扱いから格上の扱いになった。その理由らしきことについて「本島
新附民が皇化に浴する年尚久しからず、随つて国語修得てふ一難関を有
する為なり」「教育は徳育を立とし」[16]などと説明している。

　3年後の1922（大正11）年2月6日「新台湾教育令」[17]（勅令第二十
号）が発令された。内台共学が公小学校でも取り入れられるなどしたが、
先の台湾教育令では冒頭の第二条での教育勅語の規定は除かれた。同
年4月1日「台湾公立公学校規則」[18]（府令第六十五号）第二十四条に、
度々述べられてきた「修身ハ教育ニ関スル勅語ノ旨趣ニ基キテ……」の
文言が再度言い回しを変えてあらわされた。以後、大きな改正はなかっ
たが日中戦争が拡大し学校教育は大きな変革を迎えることになった。

　内地の国民学校令は太平洋戦争開戦前、1941（昭和16）年3月1日、
教育審議会の「国民学校、師範学校及幼稚園ニ関スル件」の答申に基づ
き従来の「小学校令」を改正して公布した。さらに同月14日、「小学校
令施行規則」を改正して「国民学校令施行規則」を公布し、いずれも同

年4月1日から実施することとなった。

　台湾では1941（昭和16）年3月25日（勅令第二五五号）により「台湾教育令」中に改正が加えられ、30日の府令四十七号によって「台湾公立国民学校規則」が定められた。これにより同年4月1日から全島の小学校150校、公学校820校（分教場を含む）は一斉に内地同様に国民学校に改称された。1942（昭和17）年3月、新たな府定修身書『ヨイコドモ上』などの発行を開始した。その後1943（昭和18）年3月23日（府令第四五号）にて「台湾公立国民学校規則」が改正され修身科は以下のように規定された。

　　第四条　一　教育ニ関スル勅語ノ旨趣ヲ奉戴シテ教育ノ全般ニ亙リ皇国ノ道ヲ修練セシメ特ニ国体ニ対スル信念ヲ深カラシムベシ
　　第十条　国民科修身ハ教育ニ関スル勅語ノ旨趣ニ基キテ国民道徳ノ実践ヲ指導シ児童ノ徳性ヲ養ヒ皇国ノ道義的使命ヲ自覚セシムルモノトス（以下、省略）

3　国定修身書と府定教科書の二宮金次郎

　二宮金次郎についての詳しい人物像や略伝については省くが国定修身書に1番多く載ったのは明治天皇で、2番目は二宮金次郎であった[19]。この指摘をした唐沢富太郎は「明治天皇は英邁なる天子として、日本の国運の隆盛をもたらした天皇として、敬慕尊敬の的となつていただけに、その国民教育上の意義は絶大」であり、二宮金次郎については「絶対的権威の象徴としての明治天皇に、下から対応する人物として与えられているのが、勤勉力行の典型としての二宮金次郎」と述べている。府定修身書も国定修身書同様に1番多く載ったのは明治天皇で、2番目は二宮金次郎であった[20]。それでは金次郎はどのような形でそれぞれの教科書に登場したのだろう。

3-1　国定修身書の二宮金次郎－よく働きよく学び親孝行

　「勤勉力行の典型としての二宮金次郎」と唐沢は評したが、戦後になっ
て金次郎について学んだ世代、私もそのひとりであるが、金次郎は貧乏
のどん底から一家を再興した努力家という印象を持っているだろう。総
じて修身書に登場する人物は成人になっての逸話だが、金次郎は少年で
あるため子どもたちにとってはより親しみやすかったのではないか。さ
らに貧しい農家の子どもという境遇は、戦前、人口の多くを占めていた
農家の子どもに共感を持って迎えられていただろう。勤勉勤倹に励んだ
金次郎を国定修身書全5期全てに登場させている。勤勉力行の結果、傾
いた家を興し親に孝行する姿は、教育勅語の「爾臣民父母ニ孝ニ」の手
本であり、自ら稼いだ菜種油の光で学問に励む挿絵の姿〈図1〉は「学
ヲ修メ業ヲ習ヒ以テ智能ヲ啓発」する姿そのものであった。この挿絵は
1910（明治43）年から始まった第2期のみの掲載であった。全5期の国
定修身書にあらわれた金次郎は下記のようになる〈表1〉。国定修身書で
の金次郎は、よく働き良く学ぶ親孝行の理想的子ども像を知らせるため
であった。
　こうした人物の取り上げ方と、その人物から導く徳目の取り上げ方に

〈図1〉『尋常小学修身書』巻二第六課「ガクモン」

ついて、唐沢は「特定の国家目的の要請から国民に与えられた」[21]「ある徳目を強調するために全体の場を考えずに、それに都合のいい局所だけをとり出して教材としたり、人間性に反するようなノーマルでない事例をもって説くということは、修身教科書の常套手段であった」[22]と厳しく指摘している。

〈表1〉尋常小学修身書に表れた二宮金次郎（5期18課）

徳目	登場期・学年・課数・（下段）課名					
勤勉・勤倹	Ⅰ-3-5	Ⅱ-2-4	Ⅱ-2-7	Ⅲ-3-4	Ⅳ-3-5	Ⅴ-3-13
	勤勉	仕事にはげめ	勤倹	仕事にはげめ	仕事にはげめ	一つぶの米
孝行	Ⅰ-3-4	Ⅱ-2-1	Ⅱ-2-2	Ⅲ-3-3	Ⅳ-3-4	
	孝行	親の恩	孝行	孝行	孝行	
学問	Ⅰ-3-6	Ⅱ-2-6	Ⅲ-3-5	Ⅳ-3-6		
	学問	学問	学問	学問		
兄弟仲良くせよ	Ⅱ-2-3					
	兄弟仲良くせよ					
自立自営	Ⅰ-3-7					
	自営					
親類	Ⅱ-2-5					
	親類					

出典：国定修身書5期分より筆者作成

3-2　府定修身書の二宮金次郎–誠実でよく働き親孝行

　台湾で筆者が初めて聞き取り調査を行った時、初対面の男性にオフレコで二宮金次郎のことを覚えていますかと聞くと、椅子から立ち上がり腕を振り上げ、勤勉実直、忘れるわけがない、と大きな声で言い放った。その一言で、その方との話がスムースに進んだ。

　金次郎は府定修身書でも全3期にわたって登場している[23]。農村が多かった台湾の子どもたちにも貧しい農家の子どもであった金次郎は共感を持たれたと予想する。しかし府定修身書での金次郎は、国定修身書とは異なる誠実・忠実な子どもとして登場させている。先の『趣意書』に載る「誠実ハ衆善諸徳ノ源泉ニシテ、本島人児童ノ心性ヲ陶冶スルニ当リテハ、特ニ此ノ源泉ヲ涵養スルノ必要アリ」の具体的な表れ方が金次郎少年であった。また「勤労ハ……公学校教育ニ於テ特ニ意ヲ用フベキモ

ノ」であり、その手本でもあった。親の言うこと、教師の言うこと、働くようになってからは主人の言うことに誠実・忠実によく働く者であることを金次郎から学ぶことを望んだのである。府定修身書での金次郎の表れ方は下記のようになる〈表2〉。府定教科書での金次郎は、誠実でよく働き親孝行の理想的子ども像を知らせるためであった。

　親孝行で勤勉力行、よく働く金次郎少年の姿は国定修身書と共通していた。ところが府定修身書には国定修身書にあらわれた学問に励む金次郎の姿が語られていない。ここに二宮金次郎を通して学ばせたい意図の違いが出てくる。なぜ府定修身書に学問に励む金次郎の姿が出てこないのか。学問に励むことにより広く世界を知り、日本の植民地統治に対しての疑問、反感、抵抗をいだかれては困るというのが教科書編纂者、総督府の考えであったのは明らかである。府定修身書に課名として「国語」「国語を勉強せよ」「国語をたつとべ」が載るが、これは学問や学習としての国語ではなく、日本人として日本語を正しく使えるようにという趣意書で言う「国民精神ノ涵養」の徳目である。唐沢の指摘する「ある徳目を強調するために全体の場を考えずに、それに都合のいい局所だけをとり出して教材とする」という指摘がよく理解できるだろう。

　総督府の教育行政官僚らは、伊沢の「台湾の人民と云ふ者……教育を重んずる一点に至つては、殆ど本国とそれほど違ふまい」[24]「台湾人の智徳の量と日本人の智徳の量とは殆ど相同じ」[25] などの言葉から台湾人が教育熱心な国民資質があるととらえていた。民政長官であった後藤新平は「実

〈表2〉公学校修身書教科書に表れた二宮金次郎（3期11課）

徳目	登場期・学年・課数・（下段）課名			
誠実	I -4-11	I -4-14	II -4-11	II -4-13
	忠実	至誠	忠実	至誠
勤勉・勤倹	I -4-13	II -4-12	III -3-11	
	勤倹	勤勉	一つぶの米	
孝行	II -4-10	III -3-10		
	孝行	母の心		
親類	I -4-12			
	親類			
公徳	I -4-15			
	公共心			

出典：府定修身書3期分より筆者作成

業補習学校設置ニ関スル建議案ハ絶対ニ否認スルカノ様ニ思ハル、ヤモ計リ難キモ、……利害相伴フモノデアッテ」[26] などと述べている。公学校のような基礎的学校の設置は行うものの、中高等教育については積極的ではなく「民度ノ実際ニ適合セシメ専ラ実用ニ適スル施設」とし、高度の教育にふれさせないようにした[27]。この文書は「台湾教育令案参考書」として 1918（大正 7）年のもので、趣意書にも学問についての言及がない。台湾人が学問を修め立身出世を望む者がでることは抑圧するべきで、台湾人の教育要求には門戸をとざすべきという後藤の考えが共有されていたのであろう[28]。府定修身書は教育勅語の「学ヲ修メ業ヲ習ヒ以テ智能ヲ啓發シ德器ヲ成就シ進テ公益ヲ廣メ世務ヲ開キ」には熱心とは言えなかった。

　府定修身書で徳目としての学問を全く取り上げなかったわけではない。児童用教科書発行前の『公学校修身科教授資料』巻二「1 課読書算術の必要なること」「2 課勉強」にみられた。しかしこれは教師用教授資料であった。府定修身書 1 期巻五「12 課学問ノ要ハ実用ニアリ」、1 期巻二「1 ベンキョウセヨ」、2 期と 3 期の間で中途で停止になった幻の 3 期 1 学年「18 課ベンキャウ」として載るが、3 期にはない。

　「公学校修身教授ノ四大綱領トシテ、編纂上最モ力ヲ注ギシ所トス」とした誠実、勤労についてより指導をしたいと考えたからか、公学校修身書では国定修身書に 1 回も登場しない塩原太助を取り上げた。塩原太助は実在の人間で炭屋から身を起こして豪商となった人物で、三遊亭円朝の「塩原多助一代記」で有名となった。塩原多助の表れ方は下記のようになる〈表 3〉。

〈表 3〉公学校修身書教科書に表れた塩原太助（2 期 5 課）

徳目	登場期・学年・課数・（下段）課名		
勤勉・勤倹	Ⅰ-3-4	Ⅰ-3-5	Ⅱ-3-13
	勤労	廃物利用	よく働け
誠実	Ⅰ-3-6	Ⅱ-3-14	
	正直	正直	

出典：府定修身書 3 期分より筆者作成

4　修身科の授業について

　元公学校教員として、修身科の授業を行った方から話を聞いたことがある。ひとりは林敏郎元訓導[29]。旧制今治中学校を経て台北第二師範学校を卒業。1935（昭和10）年から台南州埤頭堺公学校、1937（昭和12）年から同虎尾公学校、1942（昭和17）年から同西螺西国民学校に勤務した。修身の授業については、教科書通り、教師用教科書通りに話した、脱線するとか、そうしたことはなかったとのこと。

　もうひとりは古慶瑞元訓導[30]。新竹州の芎林公学校、芎林農業専修学校卒業後、台北第二師範学校卒業。卒業後、1944（昭和19）年から母校の芎林国民学校に勤務。戦後、新竹州内国民小教員となり、母校の校長として定年を迎えた。修身の授業は教科書に忠実だった。二宮金次郎の話を修身の時間に子どもたちにしたことはなかった。高学年の担任のため教科書には二宮金次郎の課はなかったからだ。学校に二宮金次郎像はあったが、金属供出で取り払われていた。そもそも、空襲が増えて授業はあまりできなかった。

　修身科の授業は教師用教科書通りに話した、教科書に忠実であったということだ。教科の性格からして、ふざけた扱いなどは御法度であったことは想像がつく。そうした教授法を師範学校でたたき込まれていたのだろう。おふたりの方が教壇に立った時期で共通するのは国民学校期だが、修身科教授は「教育に関する勅語は実に我が国民道徳の最高規範であつて、児童の徳性を涵養し、道徳の実践を指導する唯一無二の宝典である」[31]などと述べられ厳粛な雰囲気の授業であったように思われる。

5　学習者たちの修身科の受容

5-1　戦前期の児童生徒対象の調査から

　1927（昭和2）年12月3、4日に台北第三高等女学校附属公学校（以下、三高女附公）で行われた公学校開催の初等教育共同研究会にて『修身科教育の革新』[32]が発行された。以下述べることはその中の1つ「初等教育に於ける修身科教育の改善」の中で発表されたものである。本書

のはしがきに「修身科が国民教育上最も重要なる位置にあることは何人も承認する所であります。而も其の成績が揚がつていないといふことも、否定することができません」と述べ、その反省にたって児童生徒の対して行った調査結果の発表であった。調査時期から第1期府定教科書を使用した児童生徒となる。

　この研究会にて講演などを行ったのは文学博士・幣原坦、台北高等学校長・三沢糾、台北第三高等女学校長・大欣鉄馬であった。幣原は翌年、台北帝大の初代学長に就任する。このメンバーは大欣校長が広島高等師範学校（以下、広島高師）の1912（明治45）年国語漢文科の卒業生であったことに大きく関係している[33]。三沢は広島高師在学中の大欣の恩師であり、幣原は広島高師の校長であった。さながら広島高師関係者による講演会であった。

　この研究会にて修身科についての児童生徒に行った調査結果が発表された[34]。調査対象は三高女附公の5、6年生125名調査と台北第三高等女学校（以下、三高女）1年生146名であった。三高女は台湾で一番古い女子高等教育の歴史を持つ名門校である。それに連なる三高女附公もそれなりのレベルを持つ学校であったと思われる。三高女附公は本島人女子のみであり、三高女は本島人を主として内地人も少数在籍していた。

　「好きな教科」〈表4〉、「小・公学校での修身教授は面白かったか」〈表5〉、「小・公学校に於ける修身教育」〈表6〉、「不満と思ったこと」〈表7〉についての調査をまとめると、10教科中で修身が好きとした児童は1番少なく、教科書の講話ばかりで他の教科に比べて面白くなく、上級になるにつれても面白くないというもので、修身科は総じて児童生徒には好まれていなかった。修身科を研究教科として取り組む教師たちには厳しい評価であったが、それを隠すことなく発表し研究課題としたのだろう。

〈表4〉好きな教科

附属公学校56学年125名

修身	4
読み方	20
綴り方	11
算術	17
地理	
歴史	14
理科	15
体操	15
唱歌	9
図画	10

出典：『修身科教育の革新』
170頁より

〈表5〉小・公學校での修身教授は面白かったか

台北第三高等女学校1年生146名

他の教科に比し面白くなかった	131
他の教科に比し面白かった	15
上級に進むにつれて面白くなくなった	102
上級に進むにつれて面白くなった	44

出典：表4と同じ、173頁より

〈表6〉小・公學校に於ける修身教授

台北第三高等女学校1年生146名

教科書の講話	115
時事社会問題	11
経験談	8
実行事項を決めた	4
教育勅語	3
文芸作品	1
反省日記	1
神社参拝	1
作法	1
偉人伝	1

出典：表4と同じ、175頁より

〈表7〉不満と思ったこと

台北第三高等女学校1年生146名

作法を教へてもらいたい	30
実行が伴はぬ理屈が多い	26
実生活の実際問題にふれぬ	18
お話がくどい	12
詔勅の取扱いが足らぬ	13
言葉遣いが悪い	9
社会の事実にふれぬ	7
個人指導が足らぬ	7
体験したことを教へてもらいたい	6
女子の務を教へてもらいたい	4
その他	14

出典：表4と同じ、175頁より

5-2　元公学校生徒たちへの調査

　台湾師範大学台湾史研究所蔡錦堂教授が「日治時期台湾公学校修身教育及其影響」という論文を『師大台湾史学報』（国立台湾師範大学台湾史研究所　第2期2009年3月）に発表した。この論文は府定修身書の内容分析ではなく、公学校教育が台湾人児童に与えた影響についての検証であった。公学校教育を受けた台湾人の高齢者へのアンケート調査やオー

ラルヒストリーインタビューとともに、調査結果の分析に重点を置いている。調査者対象者は 70 ～ 90 歳台の男女 203 名であった[35]。

アンケート調査は

1　小学校での国語、修身、国史、地理で好きな教科は何か

2　生活知に最も影響を与えた教科は何か

3　日本の国歌と教育勅語について

4　修身教科書に出てくる人物の記憶

5　修身教科書に出てくる人物

6　公学校教師の思い出

の 6 から構成されて、内 5 つの調査結果について述べる。

1 は公学校教育のなかでの国語、修身、国史、地理についてで、日本で教育を受けた台湾の年配者の間で最も人気があるのは修身であった〈表8〉。2 は公学校教育のなかでの生活知に最も影響を与えた科目も修身であった〈表9〉。3 は日本の国歌「君が代」の思い出について「とてもよく覚えている」と「だいたい覚えている」と答えた人は 182 人、91.45 パーセントであった。教育勅語については、「とてもよく覚えている」と「だいたい覚えている」と答えた人は 138 人、69.35 パーセントであった〈表10〉。4 と 5 では、予め 8 名の人名を挙げて覚えているかを質問するもので、1 番よく覚えているのが二宮金次郎の 149 名で 73.40 パーセントであった〈表11〉。6 は公学校の教師の印象についてで、「とても良い」と「良い」で 186 人、93.47 パーセント。日本人教師のみでは 188 人、94.47 パーセントとよい印象を持っている〈表12〉。

口述記録として、「週 1 回、毎週月曜日の 1 時間目に行われた『修身』の授業は、二宮尊徳のような倹約家で質素で勤勉な歴史上の有名人の話や『おとぎ話』がたくさんあってとても楽しかった」[36]「道徳的な人格を養うことは人間としての基本で、国語や歴史や地理は道具にすぎない」[37]などの証言を載せている。

今回の報告から、総じて、日本統治期の修身科教育についてよい印象を持っていると受け取れる調査結果であった。先の第二高女で行われた調査結果と正反対であった。戦前の日本の教育や修身科教育に対する評価が比較的高いことがわかったが、蔡は戦後の中国式の教育と相対しての結果からではないかと述べている。最後に「日本植民地時代の教育に

〈表 8〉小学校での国語、修身、歴史、地理の好き嫌い

教科	とても好き	やや好き	普通	やや嫌い	とても嫌い	合計	未回答
国語	117	43	33	6	0	199	4
	58.79%	21.61%	16.58%	3.02%	0%	100%	
修身	131	39	23	9	0	202	1
	65.83%	19.60%	11.56%	4.52%	0%	100%	
国史 （日本歴史）	80	70	42	9	0	201	2
	40.20%	35.18%	21.11%	4.52%	0%	100%	
地理	89	49	50	10	0	198	5
	44.72%	24.62%	25.13%	5.03%	0%	100%	

出典：蔡錦堂『日治時期臺台湾公学校修身教育及其影響』16 頁より　　　　　　　（203 人）

〈表 9〉生活知識で最も大きな影響があった学科

教科	人数
1　国語	44
2　修身	131
3　国史	8
4　地理	7
5　その他	8
合計	198

出典：表 8 と同じ、17 頁より　　　203 人（未回答 5 人）

〈表 10〉日本国歌と教育勅語の記憶

問題	とてもよく覚えている	だいたい覚えている	普通	あまり覚えていない	全く覚えていない	合計	未回答
国歌 「君が代」	145	37	11	9	0	202	1
	72.86%	18.59%	5.53%	4.52%	0%	100%	
教育勅語	40	98	22	38	4	202	1
	20.10%	49.25%	11.06%	19.10%	2.01%	100%	

出典：表 8 と同じ、18 頁より　　　　　　　　　　　　　　　　（203 人）
注：合計が 100% にならないが原文のとおり

〈表 11〉修身教科書での登場人物の記憶

人物	人数	百分率
1　二宮尊徳	149	73.40%
2　塩原多助	17	8.37%
3　瓜生岩子	1	0.49%
4　貝原益軒	84	41.38%
5　昭憲皇太后	85	41.87%
6　渡辺崋山	25	12.32%
7　伊能忠敬	26	12.81%
8　曹謹	4	1.97%

出典：表 8 と同じ、19 頁より
回答者 203 名中、覚えている割合

〈表12〉公学校の教師の印象について

問題	内容					合計	未回答
	とても良い	良い	普通	やや悪い	悪い		
1　日本時代の公学校教師について（日本人教師と台湾人教師）	104	82	12	1	0	199	4
	52.26%	41.21%	6.03%	0.50%	0%	100%	
2　日本人教師の印象	95	93	12	3	0	203	0
	46.80%	45.81%	5.91%	1.48%	0%	100%	
3　台湾人教師の印象	55	86	39	1	0	181	23
	30.39%	47.51%	21.55%	0.55%	0%	100%	

出典：表8と同じ、27頁より　　回答者203名より
注：原文の数字には一部誤りがあるので訂正した。

は、まだまだ研究すべき盲点が多い。戦後すぐの頃は、綿密な研究がないまま、『愚民化教育』『奴隷教育』『皇民化教育』といった誹謗中傷で政治的に、あるいは安易にとらえられていた。まだまだ日本統治期の教育研究の解明が必要である」[38]と述べている。

5-3　聞き取り調査から

　筆者は台湾の教育史研究に取り組み始めた当初、教科書分析などから総督府の教育政策について研究を重ねた。その後実際に教育を受けた方々からの聞き取り調査を行った。そうした調査結果は『玉川大学教育博物館紀要』や本誌（『植民地教育史研究年報』）にて発表してきた。

　聞き取り調査時、修身科の思い出について聞くと学習内容について覚えている者はほとんどいなかった。しかし、二宮金次郎を覚えていますかと質問すると、勤勉実直などと答える方が見られた。金次郎の勉学に励む姿については府定修身書には載らない。しかし多くの公学校の校庭に二宮金次郎像は設置されていたので、金属供出前に就学している子どもたちは薪を背負いつつ勉強する銅像を見ていた。修身書に勉強する二宮金次郎の話は載らなくても、菜種油を絞って勉強に励んだ金次郎の話は教師から聞かされていたのだろう。

　先生方の思い出などを語ってもらうと、先生の口癖は勉強しろ、勉強しろ。勉強して偉くなるんだ、と日々言われたなどの言葉を多くの方か

ら聞いた[39]。台湾独立運動を唱えた王育徳は、台南末広公学校の担任教師は王ら進学希望の児童を放課後や休日に受験指導をおこなうも謝礼を一切受け取らなかったことを思い出としてあげている[40]。総督府は中高等教育については積極的ではなく高度の教育にふれさせないようにしたと先に述べたが、実際に現場で子どもたちに接していた教員たちは教え子たちに勉強することや、優秀な教え子へは中等学校への進学を勧めていたのであった。

　自分たちが受けてきた教育について「日本の植民地政策の中で、教育については成功したのではないかと思う。それは『教育勅語』と『修身』の成果だった。先生たちは『衣食足りて礼節を知る』ことを教えてくれた」[41]「日本時代の教育は良かったと考える。教育勅語は暗記させられたが、内容は良いものだったと思う。教育勅語には倫理があって、それを教えられたからだ。あのころの教育がよかったと考えるのは、修身で人格形成がされたからだ。教育勅語があったから、自分は人生を正直に歩くことができたと思っている……教育勅語を、今でも引っ張り出して読んでいる」[42]などと述べている。台湾土地銀行会長などの要職にあった楊基銓は修身科について以下のような一文を残している[43]。

　　　修身課は、たとえ話や物語を挙げて人の道を教えた。そして、「浅出、深入」の方式、すなわち初めは浅く、逐次物事の深みに突き進む方式の教授法用い、子供たちに深い印象を与えていた。私自身修身課で数々、人としての道を学んだが、これが後日私の処世の態度に深い影響を及ぼした……公学校の修身課は日本教育の成功を促進した主な要素だと信じている

　蔡教授の調査報告と同様に、筆者自身による実際に聞き取り調査にても修身科教育については肯定的に受けいれていたのであった。

終わりに

　勤務校の教育博物館には教育勅語が展示されている。それを参観された高齢者の男性の多くは、暗記させられて大変だった、学寮生活をして

いたので暗記だけではなく暗写できないと夏休みなど帰省ができなかった、間違えて唱えると体罰があった、この教えのために大勢の若者が死んだなどと否定的な言葉を多く話した。

　それだけに台湾での自らの調査時、そして蔡教授の論文を読んだ時は驚いた。台湾での被調査者は徴兵の義務はなかった時であったということだけではない。戦後の国民党統治期の白色テロなどの記憶を持つ方々であるために、より身近な辛い記憶のために戦前の日本統治期の教育が懐かしい思い出のなかに美化されている方が少なくないのではないかと思われた。

　本稿ではふれることはなかったが、本来であれば平等公平に扱われるべき中等高等教育を志す学生たちへの差別は大きいものがあった。先の王育徳も台北高等学校尋常科入試での出題は国定教科書からであったと不平等について述べている[44]。台湾史研究者の周婉窈は統治期の公学校教育について下記のように述べている。

　　　日本統治時代の小学校教育の内容は啓蒙的かつ合理的なものであったが、これは「コインの一面」であり、裏返しにして見ればまた異なる様相が見えてくるであろう。日本人に従属する台湾人とすれば、自己というものはないのであり、ましてや自らの過去など言うも無駄である。公学校に学ぶ台湾児童は教科書の中で日本の文化と歴史を了解するが、しかし自分たちの過去についてはほとんど知りようもなかった[45]。

　教育の問題のみで植民地台湾の近代を語ることができないように、公学校での修身科教育という1教科から統治期の教育の全てを語ることはできない。総督府による植民地政策では教育、医療・衛生、交通インフラなどや法令などもふくめ社会全体の整備に尽力したが、台湾に居住する人々のための事業ではなかった。あくまでも宗主国日本が利するためのものであった。

　蔡教授の指摘する日本統治期の教育は奴隷化教育であったのか、愚民化教育であったのか等、統治下の日本の教育について台湾側と日本側の研究者による率直な検証が必要なのでないか。

【註】

1　第一附属学校一職員「我田引水録（七）」『台湾教育会雑誌』第38号、明治38年5月、49頁。他にも「現時各公学校に於ける本科教授の実況果たして吾人の希望を充すに足るものにありやと謂ふに、今日まで予が見聞する所を以てすれば、実に失望落胆愁傷に堪へへざる」（前田武雄「公学校の修身科を如何にす可きか」『台湾教育会雑誌』8号、明治35年11月、13-15頁）、「領台以来八ヶ年。国語教授の問題は常に谷川の水の□々として絶間なき勢があるけれども。修身に関しては下行く水の音だに聞くことが出来ない。是果たして研究の必要がないであらうか……新領土の国民教育道徳教育の実績を挙げることが出来ようか」（鈴江団吉『同上』9号、明治35年11月、2-2頁）。

2　文部省『学制百年史資料編』、昭和47年、11-15頁。教育法規で「教育令」などの学校教育全体にかかわることについては（一）総則編、「小学校令」など初等教育については（二）初等教育に載る。以後の国内法令についての注は省略する。

3　以後、教育令が続くため、第二次教育令（改正教育令）、第三次教育令とする。

4　以後、小学校令が続くため第二次小学校令、第三次小学校令とする。

5　台湾総督府民政部学務課『台湾学事法規』、明治34年、64頁。

6　伊沢修二君還暦祝賀会『楽石自伝教界周遊前記』明治45年、277頁。

7　「漢訳教育勅語上奏ニ関スル稟議」国史館文献館、典蔵号 00000115001

8　伊沢修二「台湾公学校設置に関する意見」『伊沢修二選集』信濃教育会、昭和33年、608-626頁。

9　前掲、台湾総督府民生部学務課『台湾学事法規』、102頁。

10　『祝祭日略義』では歴代天皇の功績や祝日について知らせ、忠誠心や愛国心を高めるために出版され、公学校書房諸学校に配布された。

11　前掲、伊沢「台湾公学校設置に関する意見」、615頁。

12　台湾総督府内務局学務課内台湾教育会『台湾学事法規』、明治42年、 330頁。

13　台湾総督府民政部内務局学務課『公学校修身科教授　巻二』明治43年4月。本書は巻一から巻三まで発行されたが残されているのは巻二のみ。『台湾教育沿革誌』には明治45年に『公学校修身書教師用巻一』『同・巻二』が発行されていると載るが、国立台湾図書館などで残されているのは『同・巻二』のみ。『公学校修身書教師用巻一』発行は大正2年3月第一版とある。翌年『公学校修身書児童用』が巻一から巻四が発行され、『同・教師用』巻三・巻四も発行された。

14　台湾総督府『台湾公学校教科書編纂趣意書』第一編、大正2年。修身については巻一から巻四、国語読本については巻一から巻八、習字については1学年から4学年までのものであった。修身書の巻五巻六については大正8年にあらわされた。

15　台湾教育会『台湾教育沿革誌』、昭和14年、91-97頁。

16　吉野秀公『台湾教育史』台湾日日新報社、昭和2年、383-384頁。「台湾教育令要旨」として総督府参事官・蒄包美が述べている。

17　台湾教育会編『台湾学事法規』帝国地方行政会・同台湾出張所、昭和4年4月13日、改訂4版発行、373頁。

18　同上、501頁。

19　唐沢富太郎『教科書の歴史』創文社、昭和31年、672-677頁。

20　個人名としてあげられた人物としては明治天皇（14回）、二宮金次郎（11回）、伊能忠敬（8回）、能久親王・天照大神・貝原益軒（7回）、中江藤樹（6回）。尚、明治、大正、昭和のどの天皇陛下をさすかを明確にしていない挿絵が27回見られた。これらを再度精査することで、明治天皇の取り上げられ方が増えると思われる。

21　唐沢富太郎『理想の人間像』中央公論社、昭和39年、157頁。

22　同上、175頁。

23　公学校で使用する修身教科書は、第1期が大正3年2月から、第2期が昭和3年2月からそれぞれ巻一から巻六まで発行された。1期2期については教師用も発行された。第3期は昭和17年3月から『ヨイコドモ上』が発行された。3期については児童用が1年から4年まで、5・6年用は謄写代用の仮発行、教師用は4年から6年までの発行であった。これとは別に2期と3期の間、昭和16年に児童用のみ巻一・二が発行されている。中途のままで終わっているが、国民学校として内地の教科書に準ずる教育政策について知らされずにいたものと思われる。

24　伊沢修二「台湾の教育」『伊澤修二選集』信濃教育会、昭和33年、584頁。

25　伊沢「新版図人民教化の方針」同上、639頁。

26　後藤新平「後藤長官の訓示」台湾教育会『台湾教育会雑誌』第27号、明治36年6月、1-8頁。

27　『台湾教育令ヲ定ム』中「秘大正7年6月　台湾教育令案参考書」（17-19頁）、国立公文書館所蔵レファレンスコード A01200171900

28　前掲、後藤「後藤長官の訓示」、同頁。

29　2005（平成17）年1月、神奈川県愛甲郡のご自宅にて。

30　2013（平成25）年11月14、15日、新竹州芎林郷のご自宅にて。

31　久住栄一・藤本元次郎『公学校各科教授法　全』台北新高堂、大正13年、9-10頁。

32　台北第三高等女学校附属公学校修身教育研究部『修身科教育の革新』盛文社、昭和2年、141-160頁。

33　大欣は国漢科で同期生に明星学園創立者の赤井米吉が英語科、一期下に玉川学園創立者の小原國芳が英語科。先にあげた『公学校各科教授法』の著書の久住も広島高師明治44年の国漢科であった。

34　『修身科教育の革新』に載る表は、それぞれ折れ線グラフで結果をパーセントで表され正確な人数を割り出すことができない。そのため本表の人数は±1〜2名ととらえて欲しい。

35　調査は2004年から1年かけて行われ、最年長は1915年生まれ、最年少は1935年生まれ。調査者は男性101名、女性94名。大正生まれ44名、昭和151名。不明8名。地域は全島にわたり台北州77名、新竹州17名、台中41名、台南42名、高雄15名、花東4名と全島にわたる。不明は7名。最終学歴は小学校64名、中学69名、高校51名、大学17名、大学以上2名。

36　蔡錦堂「日治時期臺台湾公学校修身教育及其影響」『師大台湾史学報』第2期、22頁。

37　同上、23頁。

38　同上、29頁。

39　白柳弘幸「第1回台湾教育史現地調査」『玉川大学教育博物館館報』第2号、2005年、62-70頁。

40　王育徳『「昭和」を生きた台湾青年』草思社、2011年、115-118頁。

41　前掲、白柳「第1回台湾教育史現地調査」、65頁。

42　同上、67頁。

43　楊基銓『台湾に生を受けて』日本評論社、1999年、16-18頁。

44　前掲、王『「昭和」を生きた台湾青年』、118頁。

45　周婉窈『図説台湾の歴史』平凡社、2007年、141頁。

Ⅱ．研究論文

大正期植民地台湾における公学校の設置と就学状況
——台南の媽祖廟公学校を中心に——

陳虹彣[*]

はじめに

　台湾における公学校は 1920 年の地方制度改正に伴う教育経費制度の変更や、公学校設置に関わる規定の緩和など [1] により、公学校は激増期 [2] を迎えた。ただ、公学校自体は 1916 年頃から緩やかな増加傾向にあり、1918 年の 1 年間には全島で 67 校（分校を含む [3]）が新設されていた〈表 1 を参照〉。

〈表 1〉1912-1919 年台南庁と台湾全島の公学校設置状況

和暦年	西暦年	台南庁公学校数	学校増加数（前年比）	台湾全島公学校数	学校増加数（前年比）
大正元年	1912	35	4	248	12
大正 2 年	1913	38	3	260	12
大正 3 年	1914	39	1	270	10
大正 4 年	1915	41	2	284	14
大正 5 年	1916	45	4	305	21
大正 6 年	1917	49	4	327	22
大正 7 年	1918	63	14	394	67
大正 8 年	1919	65	2	410	16

出典：台湾総督府学事第十一～十八年報（1912-19 年度分）を基に筆者が作成した。

　本稿が注目するのは激増期を遡る、1920 年以前の公学校建設がどのように進められ、どのようなハードルがあったのか、ということである。この時期の公学校の増設状況をおさえておくことが、激増期をより深く理解することを可能にするからである。その上で台南に存在した媽祖廟公学校（現・保西国民小学）を対象として、こうした点を具体的に明らかにしていきたいと考えている。

　媽祖廟公学校は 1916 年に台南庁関帝廟公学校の分校として設置され、

＊平安女学院大学

1920 年 4 月 12 日に独立が認められた学校である[4]。当該期の公学校の状況を知るための格好の対象であるとともに、台南という特色のある地域[5]に存在するため、地域社会と公学校との関係を探るための事例としても適当といえよう。

　1912 年改正の「台湾公学校規則」（第 1 章第 9 条）によれば、公学校の設置には校地、校舎、入学者数、経費（維持費）等が必要条件であった。制度面や財政面から大正期の公学校の全体的な増加について論じた研究[6]は一定数存在するが、増設時期、所在地域等の違いを踏まえて個々の設置過程をおさえた研究はまだ数少ない。こうした地域差は、今後各地域の事例研究を積み重ねて明らかにしていく必要があるだろう。また、台湾では個別の公学校を対象とした学校史研究の成果は数多いが、大半は単一の学校を対象としており、複数校もしくは周辺地域の学校との関係性について論じるものは少ない[7]。

　本稿は台南における公学校設置の特徴を明らかにするため、台南の媽祖廟公学校を中心に、台南市と関帝廟周辺における公学校設置状況の分析を行う。媽祖廟分校の設置構想から設置の認可、公学校としての独立、そして開校初期の就学状況について論じることとする。資料としては台湾総督府文書、台南庁・台南州の公文書、媽祖廟公学校の学籍簿および卒業生台帳、関連するほかの公学校の沿革誌など[8]も用いる。

1．大正期台南における公学校の設置状況

　媽祖廟公学校は、1916 年に関帝廟公学校の最初の分校として設置が認められ、1920 年の地方制度改正前に独立した学校である。媽祖廟公学校の設置の歴史について述べる前に、まず台南における公学校の設置や増設の状況をみておこう。

　「台南」は台湾で最初に発展した地域であり、1624 年のオランダ占領期から、鄭成功政権、清朝の統治期を通じて台湾の政治・文化・経済の中心地であった。中心部である旧台南城は日本の植民地統治以降は「台南市街」と改称され、1896 年には「台南県」、1901 年には「台南庁」の中心地とされた。1920 年の地方制度改正により、台南庁（主に北半分）は嘉義庁とともに「台南州」になった。台南市街は州轄市として「台南

市」となり、台南州庁の所在地になった[9]。政治の中心が台北へ移って
も、台南は台湾南部の政治や商業の重要都市であった。植民地期の台南
州は「南部台湾農業の中枢地」であり、耕地の面積も全島一であった[10]。

　1899年10月に公学校制度が発足後、旧台南城があった台南の中心部に
公学校が設置されることとなった。中心部以外の主要な町にも公学校が設
置され、媽祖廟公学校の本校であった関帝廟公学校もその一つであった。

　植民地統治開始直後の台南県周辺の町については、「台南支部管内景況
報告」（台湾総督府史料編纂会『台湾史料稿本』）に紹介されている。その
中の「重ナル市街地ノ戸口数及景況」の紹介によれば、中心部である台南
市街と安平港周辺を除き、台南周辺には大目降（新化）・湾裡街（善化）・
蕃薯寮（旗山）・関帝廟（関廟）・噍吧哖（玉井）など、比較的に人口が集
中する町が存在した[11]。以下それらについて詳述する〈図1を参照〉[12]。

　「大目降（大穆降）」は台南市街の北東約3里（約12キロ）に位置し、
人口は4282人、台南付近で最も大きい町であった。台南から噍吧哖に通
じる要路であり、貨物の集散地でもあり、資産家も多く居住していた。

　「湾裡街」は台南城の北約5里（約20キロ）に位置し、当時の人口は
3488人であった。

　「蕃薯寮」は台南城の東約10里（約40キロ）の地域であり、先住民の
生活地域に入る要路に位置していた。人口は約1225人、近くに客家人

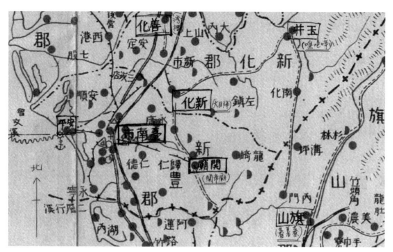

図1　台南中心部と周辺地域の位置関係

（広東人）の部落もあり、物資が集散する重要な町でもあった。

「噍吧哖」は台南の北東 12 里（約 48 キロ）にあった。大きな市場を有し、当時の人口は 664 人であった。

「関帝廟」は、台南城の東約 3 里（約 12 キロ）、人口は 450 人と他の主要な町に比べて規模は小さいが、台南城から貿易（安平港があるため）を行う商人が多く集まる街であるため、比較的に裕福な地域であった。さらに、蕃薯寮へつながる要道にあるため、地理的な要所でもあった。

公学校制度発足初期、その大半は主に各地の中心部や人口が集中する町に設置された。1898 年 10 月 1 日の制度実施と同時に、台南市街では台南第一公学校（旧台南国語伝習所）と台南第二公学校が設置され、周辺の主要地域にも大穆降、湾裡、蕃薯寮、噍吧哖の諸公学校が設置された[13]。関帝廟公学校が開校されたのはこれらの学校より半年遅れの 1899 年 7 月 5 日であった[14]。

（1）台南市内の公学校設置状況

初期の公学校は所在地の重要性や人口数などを考慮して設置されたが、その後に増設が行われるときには、単純に就学年齢人口数に合わせて学校を増設するというわけではなかった。実際の就学希望者数や地域住民の要請、運営経費の調達が可能かなど、様々な要素が設置の判断に影響を与えていた。

公学校制度が実施された翌 1899 年 11 月に、当時の台南県の「公学校設立認可に関する方針」についての記事が台湾日日新報に掲載された[15]。記事によれば、従来台南県においてはなるべく多くの公学校を設置するよう、設立認可の出願に対しては、教員の供給に差支えない限り認可してきた。しかし、教師が赴任しても宿舎がなかったり、寄付金に頼って開校したとしても学校の経費を継続的に捻出することが難しかったりする等、様々な弊害が生じたという。これらを受け、当時の台南県は、「少数でも堅実な公学校」を設置することを目標に掲げたのである。

実際の台南市内の公学校設置状況を見ると〈表 2〉、1889 年に台南第一公学校（以降は一公）と台南第二公学校（以降は二公）を設置してから、1912 年に二公の分校を「台南女子公学校」（以降は女子公）として独立

させた。女子公が設置されてから 7 年経った 1919 年に、一公の旧校舎
である東海書院を校舎に台南第三公学校が開校された。さらに 8 年後の
1927 年にようやく「台南第四公学校」(四公)が設置され、初年度に二
公から生徒 456 名、女子公からも一部の生徒が四公に移籍した。1939 年
に 6 校目となる「竹園公学校」が、市の東側に新たに開発された土地に
設置されることとなった。

　注目すべきは、一公、二公から女子公の設置までの約 13 年間、学校増
設は行われなかったことである。次にその理由を探ってみよう。

　台南市内の公学校就学希望者数が顕著に増え始めたのは 1905 年から
であった。例えば二公の生徒数〈表3〉は、設置初年度は 57 名であった
が、分校独立前年の 1911 年には 1007 名に達した。分校の独立をきっか
けに女子生徒を全員移籍させたので、1912 年度の生徒数は 946 名へと減

〈表2〉台南市における各公学校の沿革(1898-1939)

校名	設置時間	1928 年変更後校名	設置初期の校舎	新築校舎落成時間	沿革概要
台南第一公学校	1898.10.1	台南師範学校附属公学校	台南孔子廟、海東書院、1916 年に孔子廟老朽のため温陵媽廟と西来庵へ	1917.8.26	元台南国語伝習所をそのまま引き継ぎ。1921 年に台南師範学校附属公学校に代用
台南第二公学校	1898.10.22	宝公学校	水仙宮、旧育嬰堂、民宅等	1911.3.31	1898 年 4 月に台南国語伝習所分教場として設置する予定だが、公学校に変更。
台南女子公学校	1912.3.8	明治公学校	旧育嬰堂、水仙宮	1924.11.17	1911 年二公の外新分校として設置
台南第三公学校	1919.4.8	末広公学校	海東書院	1932.9.1	
台南第四公学校	1927.4.1	港公学校	港町にある女子公学校旧校舎とその裏手にある分教場(前年度第二公の分校として新築した)、赤崁楼に分教室。	1928.3.1	1927 年度第二公の分校として校舎の建築を開始。
竹園公学校	1939.4.1	―	新築校舎	1940.3	台南市区の東側に位置する

出典：この表は台南第一公学校、台南第二公学校の沿革誌(玉川大学教育博物館白柳弘幸研究員提供)、
顔兆梁(2019)『日治時期台湾市公学校的設置及其影響之研究(1898 年至 1941 年)』台湾成功大学建築
学部修士論文(未出版)を基に作成した。

〈表3〉　台南第二公学校（宝公学校）歴年生徒数の推移（1898-1941）

和暦	西暦	学級数	生徒数		
			男	女	合計
明治31年	1898	2	57	0	57
明治32年	1899	3	100	6	106
明治33年	1900	4	177	33	210
明治34年	1901	4	129	16	145
明治35年	1902	4	255	43	298
明治36年	1903	6	216	31	247
明治37年	1904	6	214	49	263
明治38年	1905	6	572	64	636
明治39年	1906	10	639	163	802
明治40年	1907	12	824	218	1042
明治41年	1908	16	789	206	995
明治42年	1909	16	808	210	1018
明治43年	1910	18	860	239	1099
明治44年	1911	15	807	200	1007
明治45年	1912	17	946	0	946
明治45年	1912	17	946	0	946
大正2年	1913	17	968	0	968
大正3年	1914	17	1023	0	1023
大正4年	1915	17	1004	0	1004
大正5年	1916	17	1134	0	1134
大正6年	1917	18	1254	0	1254
大正7年	1918	23	1557	0	1557
大正8年	1919	23	1575	0	1575
大正9年	1920	30	1839	0	1839
大正10年	1921	30	1887	0	1887
大正11年	1922	32	2103	0	2103
大正12年	1923	33	2103	0	2103
大正13年	1924	33	2110	0	2110
大正14年	1925	33	2040	0	2040
大正15年	1926	37	1937	0	1937
昭和2年	1927	28	1394	0	1394
昭和3年	1928	27	1303	0	1303
昭和4年	1929	27	1325	0	1325
昭和5年	1930	28	1381	0	1381
昭和6年	1931	29	1390	0	1390
昭和7年	1932	28	1546	0	1546
昭和8年	1933	28	1670	0	1670
昭和9年	1934	28	1650	0	1650
昭和10年	1935	29	1713	0	1713
昭和11年	1936	30	1792	0	1792
昭和12年	1937	33	1768	177	1949
昭和13年	1938	33	1745	306	2051
昭和14年	1939	25	1822	506	2328
昭和15年	1940	38	1882	674	2556
昭和16年	1941	40	1797	875	2672

出典：台南第二公学校沿革誌（1898-1933）台南市立人国民小学所蔵陳奮雄（2007）「日治時期台南市公学校設置史略（中）」『台南文化』61期 127-133頁。

少したが、それでも 2 年後の 1914 年には生徒数が 1023 名と千人を超えることとなった[16]。そして、台湾教育令が完全実施された 1922 年度には、二公の生徒数はさらに 2100 人を超えることとなった。台南市内の就学希望者数は増加しなかったどころか、むしろ激増していたのである。

　増え続ける就学希望者を収容するには、公学校を増設するしか方法はなかったのだが、台南市内の公学校増設はなかなか進まなかった。

　増設が進まなかった主な原因は、学校敷地の確保にあった。台南市内は清の統治以前から開発が進み、人口が集中する地域であった。植民地統治期にも人口は増え続け、中心部で学校の設置に適する土地や建物を確保するのがますます困難になった。

　台南市は、増加する就学者を収容するため、公学校の増設することよりも、校舎を増築し、旧校舎を再利用するなどのやりくりで収容人数を増やすなどの応急措置を取り続けていた。台湾全島で公学校の数が急増していた 1920-24 年[17] においても、台南市内での公学校新設は行われなかった。こうした台南市の状況は、当時の新聞にもよく取り上げられていた[18]。

　敷地確保の問題以外に、台南市の教育費不足も公学校増設の遅れの原因となっていた。1926 年 7 月の台湾日日新報に「就学児童の大増加で最早姑息な手段では遣り繰りが出来ぬ台南市　第四公学校新設を計画」との記事が掲載された[19]。四公の新設準備についてのこの記事によれば、台南市は経費節約のため既存の公学校学級の増加を抑制していたため、二公は毎年変則的な学級増加を行い続け、37 学級（規定では 18 学級以下）編制のマンモス校になってしまっていた。こうした状況を打開するため台南市は 1927 年度の事業として、市内永楽町の旧運河基点付近の広場で整地作業を始め、四公の新設を計画していたという。同年 11 月 21 日同紙の記事では、学校新設の費用が不足しているため、1927 年度に台南市が借入金で費用を調達することとなったと報じられている[20]。それでも、数年で学校の数が足りなくなるとの見込みであった。このように、中心部の台南市内においては、公学校の設置は、敷地と経費の確保が重要な判断要素となっていた。

（2）　関帝廟地域の公学校設置状況

　人口が集中する台南市内の公学校設置には生徒数以外には、敷地・校舎と経費の確保による影響が大きかったが、中心部から離れた地域の公学校はどうだろうか。

　媽祖廟公学校の本校であった関帝廟公学校は、1899年3月13日に設置が認可された。同年5月10日に地域の関帝廟の部屋を借り、募集した生徒51名を対象に授業を開始したのである[21]。1920年の地方制度の改正に伴う地名変更により、翌21年から校名を関廟公学校に変更した。創立初期は周辺の町の人口が少なかったため、学校の設置区域（学区）が広く設定されていた。学校所在地から離れた地域の子供たちは公学校に入学を希望する場合、毎日1、2時間をかけて徒歩で通学するしかなかったのである。その後、地域人口と就学希望者数の増加により、関帝廟公学校から離れた地域も学生募集や経費などのめどがたったため、学校を新設する需要が生じた。

　その需要を満たすため、関帝廟公学校は大正期から、1916年に媽祖廟分校（1919年独立）、1918年に大潭分校と内新豊分校（1921年独立）、1920年に帰仁南分校（1921年独立）、1923年に亀洞分教場（1909年から分教室[22]、1942年独立）と埤仔頭分教場[23]、1943年に東分教場を設置した。設置された分校はうまく生徒数を増やして、数年後には独立していったため、関帝廟公学校の近辺にある公学校のほとんどは、関帝廟公学校にルーツを持つ学校であった。

　関帝廟公学校だけでなく、公学校制度初期に設置された学校、とりわけ中心部から離れた大きい町に設置された学校の多くも同じ状況である。

　中心部以外の地域での分校設置理由について、本校からの通学距離が遠いというのが最も多かった。しかし、毎年の入学者数見込みが確かであるか、地元住民の支持はあるか、継続的に運営経費を確保できるかなど様々な条件をクリアしないと、学校の設置は許可されなかったのである。

　1916年に、台南庁管下では媽祖廟分校を含む計4校（本校1、分校3）の設置が総督府に認められた。分校設置に関する規定及び設置申請の書類から、それぞれの申請状況と実際の設置理由をみてみよう。

①公学校の分校設置について

　1907年3月8日（府令8号）の「台湾公学校設立廃止規程」第1条によれば、「公学校ヲ設立セムトスルトキハ関係街庄長ハ所轄庁長ヲ経テ台湾総督ニ出願」しなければならなかった。公学校本校も分校も同じ基準に依るが、街庄長が提出する願書には、公学校の名称や設置区域だけでなく、「維持方法」「就学スヘキ児童ノ概数」を明記する必要があった[24]。所轄庁の庁長が願書を受理したのちに、願書の記入内容を確認した上で、設置区域の人口と就学児童の構成、地域における「向学心ノ状況」「住民ノ負担力」についても調査を行い、意見を付して台湾総督に進達すると定められている（第2、3条）。また、庁長は「設立スヘキ公学校ヨリ隣接セル既設公学校及設立各街庄ニ至ル距離ヲ示ス」地図を添付する必要もあった。

　1912年の公学校規則改正により、「台湾公学校設立廃止規程」は廃止され、公学校の設立、変更及廃止は「台湾公学校規則」の一章として定められるようになった。第1章第9条によれば、「公学校ヲ設立セムトスルトキハ街庄社区長ハ左ノ事項ヲ具備シ台湾総督ニ申請」することになっている[25]。申請時の書類に記入する内容は次のとおりである。

　　一　学校ノ名称、位置但シ名称ハ其ノ所在地方名ヲ冠スヘシ
　　二　設立区域ノ堡里街庄社名、住民ノ戸数人口、図面
　　三　入学児童ノ男女別概数
　　四　修業年限
　　五　実業科ヲ置クトキハ其ノ種類
　　六　維持方法、経費収入支出概算
　　七　校地図面、校舎及職員宿舎ノ配置図、其ノ建物ノ構造及坪数
　　八　授業開始期日

　分校設置の場合も基本同じ条件であるが、第二、四、五号は必要としない。学校の編制について、公学校本校は学校全体で原則18学級以下、分校は4学級以下とされていた。1学級の人数は60人を基準とし、10人まで増やすことが可能であった（47条）。なお、分校の学級数については、1920年の改正により、4学級以下から5学級以下に変更された[26]。

　上記の内容からは、公学校の設置に校地、経費、学生数などの基本要件以外に、地域住民の支持や教育に対する態度、学校の立地条件、近隣学校との関連性なども検討項目であったことが分かる。

② 1916 年度における台南庁の新設公学校

　媽祖廟公学校が「関帝廟公学校媽祖廟分校」として設置認可を受けた1916 年に、同時に開校が認められたのは「安順寮公学校」「蕭豆公学校佳里興分校」「大社公学校阿嗹分校」の４校がある。これらの分校の設置申請資料を基に、それぞれの申請内容と設置状況を**表４**にまとめた。

　まずは設置の主な理由について、４校ともに既存の公学校との距離が遠いため、通学に支障があることを第一の理由にあげている。「台湾公学校設立廃止規程」が廃止されたあと、「設立スヘキ公学校ヨリ隣接セル既設公学校及設立各街庄ニ至ル距離ヲ示ス」地図の提出は求めなくなったが、代わりに、この台南庁の分校設置申請資料には学校の位置、通学距離や近隣学校との位置関係についての説明が記入された。

　佳里興分校だけは本校の蕭豆公学校まで比較的に距離が近かったが、雨期になると一カ月以上通学が不能になる事があるため、分校の設置を希望した。**図２**[27] で一部の学校の位置を確認しよう。図２によれば、台南

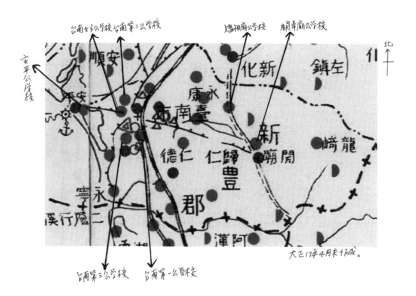

図２　台南中心部と関帝廟公学校周辺地域の学校分布図

〈表4〉1916年度台南県新設公学校及び分校の申請内容

学校名	申請内容	入学者数 （初年度入学見込者数）
安順寮公学校	1. 安平公学校の設置区域北東側の端にある。最寄りの公学校までの距離について、安平公学校までは約7キロ、台南第二公学校までは約7.5キロと遠いため、地域住民より2、3年前から学校の設置が企画された。 2. 初年度は2学級編制の予定。 3. 新校舎の建設は既に決定。所在地は比較的高台で湿気が少ないため通風性が良い。 4. 維持費は家税1円につき23銭の増加が見込まれ、負担できる。	男100／女30 （計130）
蔴豆公学校 佳里興分校	1. 大正7年に校舎落成予定。当分廟で教室を借りる。 2. 他の公学校と比較的近距離だが、雨季となると氾濫で一ヶ月以上通学不能になるため、生徒には不利益である。 3. 所在地は乾燥地で正面に1500坪の空き地、運動場、飲料水あり。 4. 当該地域は豊かで民力余裕あり、学校設立維持費を十分に確保できる。	男100／女3 （65）
関帝廟公学校 媽祖廟分校	1. 関帝廟公学校設立地域の西北隅にあり、児童の通学が困難。 2. 校地は比較的に高台で湿気が少ないため、衛生上は支障なし。 3. 新築校舎（寄附）はすでに完成し、規定にも適合している。 4. 家税を1円につき13銭を増加すれば十分に負担できる。	男50／女10 （計60）
大社公学校 阿嗹分校	1. 農業地域だが、新教育の影響で向学心が向上、昨年から企画。 2. 家税1円につき10銭増加すれば負担可能。 3. 本校の大社公学校まで約8キロ離れ、児童にとって晴天でも通学は困難。以前から学校を希望する動きはあったが、近来書房設立を希望する人が増加したため、分校の設置に至った。 4. 上帝公廟に教室を借り、宿舎も借家。 5. 校舎が不足のため、設備追加か二部授業などの応急措置をとる。	男60／女0 （計60）

出典：『台湾総督府文書』「公学校及分校授業開始期日変更ノ件（台南庁）」（1916.4.1）を基に筆者が作成した。下線部は筆者。

市の中心部から関廟（関帝廟）までは東に約 12 キロの距離がある。それを基準として、図２の西端にある安平公学校と、その北東にある安順寮公学校（元分校）の位置関係がわかる。申請資料にある通り、約７キロ離れている。そして、媽祖廟公学校（元分校）と関帝廟公学校の距離は４キロ以上あった。毎日片道１～２時間徒歩でなんとか通える距離ではあるが、子どもたちには大きな負担となる。

　本校との距離以外に、設置される地域住民の教育に対する熱意もアピールポイントの一つになっているが、大社公学校の阿嗹分校は少し状況が違っていた。以前から学校設置の希望はあるが、旧来の民間の教育機関である書房を希望する者が増加したため、書房の代わりとなる公学校の分校を置くことになったと記されている。ほかの学校は設置に至るまで校舎や経費の調達などで数年の準備時間を要したが、阿嗹分校の場合は書房設置の希望者が増えたことが分校設置の後押しになった[28]。

　また、校舎の用意について、安順寮公学校は新築する予定であり、佳里興分校と阿嗹分校は廟の部屋を借りて教室に充てるとしたが、媽祖廟分校のみがすでに完成した新築校舎で授業を開始するとあった。後ほど説明するが、申請段階で既に新築校舎を用意できている事例は珍しい。特に町から離れたいわゆる田舎の学校の場合は地域の廟で空室を借りて授業するのが一般的であった。

　最後に、設置申請の時、本校あるいは分校のいずれで申請するかの判断基準についてみてみたい。1912 年に改正された公学校規則によれば、分校の編制は学校全体で４学級以下が基準である。１学級は 60 人が基準であり、事情によって 70 人までは認められた。とはいえ不登校や欠席などの状況を見込んで、１学級の人数を、基準を超えて設定することはよくあった[29]。

　安順寮公学校の申請資料によれば入学者数を 130 人と見込んでおり、２学級編制の予定であった。媽祖廟分校と阿嗹分校のように１学年 60 人前後を見込んでいる場合、編制は１学級であった。佳里興分校は入学者数を 103 人と予定していたが、初年度の見込み入学者数は 60 人になっているため、１学級編制になったと思われる。その後、佳里興分校は 1918 年に佳里興公学校として独立し、媽祖廟分校と阿嗹分校は順調に毎年１学級ずつ増やしていき、1920 年に審査を経て本校として独立すること

なった。

　疑問なのは、安順寮公学校は２学級編制なのに、なぜ直接本校として設置認可されたのかということである。公学校規則には、学級の編制について「土地ノ状況」によって制限を外すことができるとの但し書きがあった。安順寮は表３に書かれる通り、安平公学校の設置区域の端にあるが、台南市に隣接している。そうした地理的環境から入学者の増加や確保が見込まれ、設置して２年目から４学級編制になるため、本校としての条件を満たすことは確実であったので、台南庁が直接本校として設置させたと考えられよう。

　地域でみると、学校の設置基準や考慮事項に同じ傾向がみられるが、設置された学校の１校ごとに、設置までの経緯や事情が異なるのも事実である。こうした点を踏まえた上で、再び媽祖廟公学校の分析を行うこととする。

２. 媽祖廟分校の誕生と独立

(1) 関帝廟公学校媽祖廟分校の誕生

　媽祖廟公学校は 1916 年に分校として始まり、1920 年に独立して媽祖廟公学校となった。媽祖廟分校の誕生について、２つの興味深い資料を紹介することから始めていきたい。

　まず紹介したいのは、1912 年３月 24 日の台湾日日新報漢文版の「分校准設」という記事である [30]。媽祖廟分校の設置がもうすぐ決定されるという内容のこの記事には、媽祖廟庄及び近隣の埤仔頭庄、頂南脚庄、八甲庄、下湖庄等の住民は、関帝廟公学校までの距離が遠すぎて通学が不便なため、数年前から分校の設置に議論を重ねてきたと書かれている。設置経費の問題で懸案となったが、既に千円以上の経費が集まったので、媽祖廟庄で分校を設立することが決定された。すでに区長が代表で申請を出しているため、近々許可されると報じられている。

　もう１つは、『台南州教育誌』[31] に掲載された媽祖廟公学校の沿革である。媽祖廟分校の創設は、生徒が通うには関帝廟公学校まで遠いことと地域の向学心が盛んで入学希望者が増加したためであった。近隣の部

落においても分校の設置が相次いでいたため、1915年3月1日に住民た
ちが地方の有力者に寄付を募り、木造校舎と校長宿舎を起工し、3月31
日に竣工すると同時に、分校設置申請を提出したのである。ようやく設
置が認められ、授業が開始されたのは1916年4月1日であった。その後、
毎年1学級ずつの増級があり、1920年度から独立して媽祖廟公学校とな
るのである。

　この2つの資料によれば、媽祖廟における学校設置の要請は1912年以
前から地域住民によって行われていた。1912年の報道では、当時地域住
民はすでに千円以上の設置経費を用意し、設置許可も間近だとされたが、
分校の設置はかなわなかった。設置理由、住民の要請、設置経費などす
べてが揃っていたのに、許可が下りなかった理由は何であろうか。考え
られる原因は、入学者数の問題であろう。

　学校の運営を安定させるには、継続的に入学者が見込まれることが必
要である。まずは1912年頃本校となる関帝廟公学校の仕学者数をみて
みよう〈表5〉。表5の関帝廟公学校の歴年在学者数をみると、年次進行
で1904年に全6学年が揃ったが、総在学者数は138名で4学級編成で
あった。公学校制度実施初期では、入学者数も就学状況もまだ安定しな
い時期であり、入学しても途中で退学するなど、大きな町の学校でも生
徒の確保に苦労していた[32]。関帝廟公学校の在学者数からもわかるよう
に、全6学年にすべて在学者はいるが、1学級60人の基準に満たない学
年があり、4学級編成の時期が1904-13年の間、長く続いた。

　1912年に媽祖廟が分校の新設を申し出た時点では、本校となる関帝廟
公学校自身はまだ4学級編成でぎりぎり本校としての人数をキープして
いた時期であった。そこで分校の設置をすれば、本校の人数確保にも影
響が出ると予測された。同様に、本校でも入学者数が伸び悩んでいるの
に、分校は継続的に入学者を確保できるのかという心配が残る。詳細は
不明であるが、1912年の設置要請が最終的に頓挫したのは、入学見込み
者数の不足がその一因といえよう。

　そして、1914年から関帝廟公学校の在学者数がようやく伸び始め、5学
級編制になった。媽祖廟周辺の地域住民もこのタイミングで再び学校設置
に向けて動き出した。台南州教育誌に記されているように、寄附金を募り、
今回は設置経費の用意だけでなく、新築校舎まで完成させてから、もう一

〈表5〉関帝廟公学校の在学者数（1899-1945）

西暦年	学級数	在学者数	西暦年	学級数	在学者数	西暦年	学級数	在学者数
1899	1	44	1912	4	171	1926	9	476
1900	1	49	1913	4	212	1927	9	414
1901	2	65	1914	5	239	1928	10	462
1902	3	125	1915	5	260	1929	11	501
1903	3	121	1916	5	277	1930	11	465
1904	4	138	1917	6	299	1931	12	547
1905	4	189	1918	8	355	1932	12	597
1906	4	209	1919	9	409	1933	12	651
1907	4	179	1920	9	600	1934	12	660
1908	4	158	1921	13	598	1935	12	711
1909	4	181	1922	14	777	1936	12	781
1910	4	163	1923	10	704	1937	13	886
1911	4	170	1924	9	669	1938	14	986
			1925	8	639	1939	17	1172
						1940	18	1257
						1941	22	1456
						1942	24	1610
						1943	26	1814
						1944	?	1696
						1945	?	1758

出典：台南県関廟国民小学（1998.3.29）『創校一百周年専刊』19-20 頁。

度申請を出したのであった。今回は願いが叶い、ようやく媽祖廟に学校ができたのである。大社公学校の阿嗹分校は書房設置の希望者が増えたことが後押しになったが、関帝廟公学校の媽祖廟分校は本校の生徒数増加と地元住民による新築校舎の寄付が設置の後押しになったのである。

（2）分校からの独立

　媽祖廟分校が設置されて 4 年後、在学者数が増え、4 学級編制になった。本校の関帝廟公学校も 9 学級編制になるまで順調に在学者数が増加したこともあり、媽祖廟分校は 1920 年から独立が認められ、媽祖廟公学校となった。

　独立時の申請資料[33] によれば、同時に独立を認められたのは、関帝廟公学校媽祖廟分校、大目降公学校新市分校、蕭瓏公学校西港仔分校、大社公学校阿嗹分校、湾裡公学校北仔店分校、楠梓公学校仕隆分校の 6 校

であった。申請資料では、継続的な経費の確保、入学者数の増加、校舎の収容状況等が審査のポイントであることがみてとれる。中でも、蕭壠公学校西港仔分校と大社公学校阿嗹分校は1年前に独立申請が却下され、2度目の申請となっている。西港仔分校は1度目の申請で予算に問題があり却下されたが、阿嗹分校は校舎の新築によって入学者数が増加したことで再申請をすることとなったのである。媽祖廟公学校の場合は経費、校舎、生徒数等ともに問題がなかったので、1度目の申請で独立が認められたのである。

3. 設置初期の就学状況

　媽祖廟公学校の所在地は農業地域である。この地域は低地である上に、許県渓という川が流れていたため、清朝から近隣の地域住民が共同で灌漑用の水路施設を建設し、共同管理下に置き、使用者が管理費を払うなどの方式で農業を営んできた。日本の統治が始まって以降、その管理費から毎年決めた金額を関帝廟公学校の運営費に充てていた記録もある[34]。

　1921年以降の地方行政改正により、媽祖廟は台南州新豊郡帰仁庄に属したが、1932年度の調査によれば、当時のこの地域の戸数は2803戸で人口は15185人であり、その約8.5割の住民は農業に従事し民情も穏やかであった[35]。また、新豊郡は農業関連の水利組合などが盛んであり、1929年に帰仁農業補習学校も設置された。『地方都市特集産業』[36]にも、新豊郡産業の注目すべき点として、管下各地域で水利施設を基に行われる「共同耕作」が紹介された。農業の共同作業からみれば、この地域は住民が協力しあって目標を達成させる風土があったといえよう。媽祖廟分校の設置についても、住民たちが経費を募り、新築校舎を寄付するなど地域の力で実現させたのである。

(1) 学校の規模と初期の就学状況

　媽祖廟公学校は地域の応援があり、周辺産業も発展するなか、入学者の増加や学校の拡大に期待をもって独立を許可されることとなった。しかし、独立後の媽祖廟公学校の児童数に著しい変化はなく、1925年まで

は 4 学級編制のままで、1926-33 年までは 5 学級編制だった。1939 年以降、ようやく増加する兆しが見られ、1944 年度には 10 学級にまで増えた〈表 6 を参照〉。

〈表 6〉媽祖廟公学校の生徒数に関連する記録

西暦年	学級数	入学者数	在学者数	卒業者数		
				合計	男	女
1916	1	60*				
1917	2					
1918	3					
1919	4	41				
1920	4	47*	153			
1921	4		225*	31	29	2
1922	4			22	20	2
1923	4			20	18	2
1924	4			18	17	1
1925	4			20	19	1
1926	5			23	20	3
1927	5			16	16	0
1928	5			15	12	3
1929	5			20	16	4
1930	5			22	18	4
1931	5			21	17	4
1932	5			21	18	3
1933	5			28	22	6
1934	5			26	16	10
1935	5		249	45	33	12
1936	5		330	33	27	6
1937	5		373	37	28	9
1938	5		420	51	46	5
1939	6			64	54	10
1940	7			63	39	24
1941	8			65	51	14
1942	9					
1943	?					
1944	10					
1945	?			102	52	50

出典：＊は見込み数。媽祖廟公学校の卒業者台帳、1945 年度卒業者学籍簿、分校設置と独立時の申請資料、昭和 10-13 年度の新豊郡要覧、台湾総督府職員録の記録を基に筆者がまとめた。
新豊郡（1935）『昭和十年版郡勢要覧新豊郡』。新豊郡（1936-38）『新豊郡要覧（昭和十一年版）』『新豊郡要覧（昭和十二年版）』『新豊郡要覧（昭和十三年版）』。台湾総督府職員録（https://who.ith.sinica.edu.tw/）。

　媽祖廟公学校は、1920 年度からは生徒 225 人の 5 学級編制になる見込みで独立の認可をうけたが、実際 1920-25 年度は 4 学級のままであった。1921 年度に卒業した 1 期生は 31 名であったが、2 期生は減少して 22 名になり、その後は 20 名台を維持したが、1928 年度には最少の 15 名となった。1929 年度は再び 20 名台に戻ったが、1934 年度までは 30 名を超えることがなかった。女子卒業生が増える傾向にある以外、生徒数が伸び悩む状況が続いていた。昭和の 1930 年代に入ってから在学生が増え、卒業生も徐々に増加すること傾向になった。

　こうした状況の変化の直接の原因は、おそらく 1920 年の地方制度改正後、媽祖廟の西に約 2.5 キロ離れる帰仁に行政の中心である役場が設置され、台南市への交通の便もよくなり、人口がそちらに集中したことによるものであった。

　帰仁の中心部にある帰仁公学校は、1920 年に設置された関帝廟公学校帰仁南分校を移設して独立した学校である。近くに庄の役場などが集中し、媽祖廟公学校までは 2.5 キロほどの距離しかなかった。公営校として独立後は生徒数が急増し、1924 年には本校だった関帝廟公学校の 8 学級を抜き、10 学級編制になっていた[37]。

　媽祖廟も帰仁庄の管轄下にあるが、位置的には帰仁庄の北側にあり、開発や人口の増加が進む南側や西側と反対方向にあるため、人口の増加スピードも緩やかであった。〈表 7〉によれば、媽祖廟庄の人口は 1920 年の 2274 人から 1935 年の 3027 人になり、753 人増えたが、帰仁庄は同じ時期に 3654 人から 4990 人になり、計 1336 人の増加があり、増加数は媽祖廟庄のほぼ倍であった。また、1935 年度以降媽祖廟公学校の生徒数の増加が徐々に加速し、1939 年度から学級数がほぼ毎年 1 学級ずつ増えることになった。

〈表 7〉媽祖廟公学校と帰仁公学校所在地の人口変化

西暦年 庄名	1905	1906	1910	1915	1920	1935
媽祖廟庄 （媽祖廟公学校）	2289 人	2302 人	2179 人	2283 人	2274 人	3027 人
帰仁北庄 （帰仁公学校）	3307 人	3246 人	3237 人	3504 人	3654 人	4990 人

出典：王昭驊（2016）「台南県帰仁区的聚落変遷與発展」国立高雄師範大学地理学系修士論文 41 頁より一部引用（未出版）。

(2) 初期の就学状況

　表8は現在保西小学校（旧媽祖廟公学校）が所蔵している1～7期生学籍簿の学籍簿から生徒の就学状況をまとめたものである〈表8〉。一部卒業生の学生簿が散逸しているので、初期入学者の年齢構成については現存のもののみで入学時の年齢を計算した。

　公学校入学者の年齢について、1898年の「台湾公学校規則」（府令78号）には「八歳以上十四歳以下」とある。1904年の「台湾公学校規則」（府令24号）では「満七歳以上満十六歳以下」に変更された。また。1912年11月の改正では「満七歳以上満十二歳以下」になるが、特別な事情がある場合は校長の許可により12歳以上の者を入学させることもできた（第86条）。新台湾教育令発表後の1922年度から、公学校の入学年齢は満6歳以上になった。

　〈表8〉によれば、入学年齢が7歳の時期において、媽祖廟公学校の1期生が入学した時の平均年齢は9歳9ヶ月であった、その後は平均8歳台の年が続き、1919年度には最も入学年齢の基準に近い7歳9ヶ月になった。

　入学年齢が6歳になった1922年度は新入生全員が満6歳以上での入

〈表8〉媽祖廟公学校設置初期の就学状況

西暦年	期数	入学者数	卒業者数	学籍簿数	平均年齢（最年長／最年少）
1916	1期生	60*	31	31	9歳9ヶ月（最年長：10歳10ヶ月／最年少：7歳3ヶ月）
1917	2期生		22	13	8歳6ヶ月（最年長：10歳3ヶ月／最年少：7歳3ヶ月）
1918	3期生		20	19	8歳11ヶ月（最年長：12歳7ヶ月／最年少：7歳3ヶ月）
1919	4期生	41	18	18	7歳9ヶ月（最年長：10歳3ヶ月／最年少：6歳8ヶ月）
1920	5期生	47*	20	20	8歳8ヶ月（最年長：13歳1ヶ月／最年少：7歳1ヶ月）
1921	6期生		23	23	8歳2ヶ月（最年長：10歳8ヶ月／最年少：5歳10ヶ月）
1922	7期生		16	13	7歳4ヶ月（最年長：9歳8ヶ月／最年少：6歳4ヶ月）

出典：*は見込み数。媽祖廟公学校卒業生学籍簿（1921-1926年度卒業分）による。
学籍簿のデータ整理はJSPS科研費（課題番号20K02550）の助成を受けた研究成果の一部である。データ入力と整理は研究メンバーである白柳弘幸と合津美穂に協力をいただいた。

学となったが、最年長者は9歳8ヶ月であり、平均年齢は7歳4ヶ月であった。まだ新入生全員が規則で定められた就学年齢で入学するまでには至らなかった。

　続いて毎期の入学者数と最終卒業者の人数を見てみよう〈表9〉。把握しているデータのみでは全貌を明らかにできないが、卒業にまでたどり着く生徒は入学時の約半数ほどにとどまっていた。つまり、入学してから様々な理由で退学するものも約半数いたことになる。

　例えば、60名の入学を予定していた1期生は、実際4年次には45名、5年次には42名の在籍で、最終的に卒業できたのは31名である。また、4期生のように1年次に41名であった在籍数が、2年次に49名（転入があったため）に増えることもあるが、最終的に卒業できたのは18名であった。

　〈表9〉によれば、初期の就学状況は不安定にみえるが、媽祖廟地域は比較的人口の増加が穏やかで大幅な増減が見られないため（表7）、媽祖廟公学校の学級編制と卒業者数はともに一定の数字を長期間保っていた。つまり、入学後の入退学者数も一定にキープされており、ある意味「安定した」状態にあった。

(3) 初期の卒業生進路

　現在残されている旧媽祖廟公学校の学校文書には、創立してから1941年度までの卒業生の情報をまとめた卒業生台帳があり、通し番号がつけられていた。

　1921-31年度の卒業生台帳には生徒個人に対する評価及び卒業後の進路も記されている（一部欠落あり）。卒業後の進路が記録されている年度分の内容を表10にまとめた〈表10〉。

　1916年度に入学した1期生が卒業を迎えたのは1922年の3月である。近隣の帰仁に1920年から役場が置かれ、様々な組織や会社も設立されるようになるこのタイミングに卒業する生徒たちの就職先も多様であった。中心産業である農業以外に、師範学校などに進学した者が3名、役場に就職した者が2名、農会の倉庫書記、商業関係や会社員になる者もいた。その後は一定の人数が高等科などに進学するが、大半の卒業生は農業関連の仕事に就いている。

〈表9〉媽祖廟公学校1～7期生の各学年における人数変化

入学年度	期数	第1学年度初			第2学年度初			第3学年度初			第4学年度初			第5学年度初			第6学年度初			卒業者数
		1男	1女	合計	2男	2女	合計	3男	3女	合計	4男	4女	合計	5男	5女	合計	6男	6女	合計	合計
1916	1期生	50*	10*	60*							43	2	45	40*	2*	42				31
1917	2期生							25	3	28	33*	3*	36							22
1918	3期生				34	5	39	36*	5*	41										20
1919	4期生	32	9	41	40*	9*	49													18
1920	5期生	42*	5*	47																20
1921	6期生																			23
1922	7期生																			16

出典：＊は見込み人数。媽祖廟公学校卒業生学籍簿（1921-1926年度卒業分）。
「関帝廟公学校媽祖廟分校外五校独立ノ件」（1920.1.1）「台湾総督府文書」国史館台湾文献館所蔵。
「台青公学校分校及分教場ノ設置ノ認可ニ関スル前内議方ノ件通達」（1902.2.24）「台湾総督府文書」国史館台湾文献館所蔵。

〈表10〉媽祖廟公学校1～8期生の進路

入学期数	卒業年度	卒業者数	進学	就職 農業	商業	会社員	役場員・書記等	そのほか 家庭（結婚等）	死亡	不明	備考
1期生	1921	31	3	18	3	2	4		1		地方制度改正
2期生	1922	22	4	16					2		
3期生	1923	20		15	4		1		1		
4期生	1924	18	7	9	2				1		
5期生	1925	20	3	14	2	1					
6期生	1926	23	5	13				3		1	
7期生	1927	16	4							12	これ以降進学以外記録なし

出典：媽祖廟公学校『卒業生台帳』（1921-31年度分）による。

おわりに

　媽祖廟公学校は1941年に媽祖廟国民学校になり、戦後は保西国民小学に校名を変更し、2015年に創立100周年を迎え、今でも台南市帰仁区の小規模校として存続している。

　通常学校の創立や設置理由について言及するとき、当時の社会状況の中でというような大まかな説明に止まることが多い。しかし、媽祖廟公学校のような小さい学校でも、設置されるまでは周辺地域の状況や発展に大きく影響を受けつつ、様々な条件をクリアしてきたのである。媽祖廟公学校ができるまでの経緯を最大限に解明するため、本稿はまず台南の中心部である台南市の公学校設置状況を整理し、媽祖廟公学校のルーツである関帝廟公学校の沿革も明らかにした。当時の台南中心部と周辺地域における公学校の設置状況を把握した上で、媽祖廟公学校のような田舎にある小規模校がどのような経緯で設置されたか、そこにどのような要因が存在したかの解明を試みた。

　媽祖廟公学校の事例研究を通して明らかになったのは、公学校の設置はそれぞれの地域が持つ地理環境・歴史・文化に密着して展開されていたということである。経費、生徒数、校舎や敷地など決められている基準だけで設置が行われたわけではなかった。

　こうした点が明らかにできたのは、媽祖廟公学校に保存されてきた学籍簿を中心とした資料を活用したことによる。多くの学校では日本統治期の文書は破棄されたが、媽祖廟公学校の場合は幸運にも残されてきたといえよう。しかし、媽祖廟公学校が唯一の例外という訳ではなく、未発見の資料が旧公学校に保存されている可能性が高い。今後は新たな資料の発見に尽力し、ほかの州庁の事例研究を積み重ね、植民地台湾における公学校の設置の歴史を明らかにしていきたい。

【註】
1　李鎧揚（2012）『日治時期台湾的教育財政—以初等教育費為探討中心』国史館。1920年の公学校規則改正（「公学校規則中改正ノ件（府令第二四号）」（1920.4.1）『台湾総督府文書』国史館台湾文献館所蔵）。李の研究（121-189頁）によれば、1910年代の公学校が抱える問題は学区の縮小と就学人口の増加であり、

その上学校の収入を増やす方法も少なかったため、財政難により借金する公
学校の数も多かった。こうした問題は1920年の地方行政改正により解消され、
地方の教育費が増加するのに伴い、公学校の増設も可能となっていた。

2 全島の公学校は、1920年度に分校を含め467校であったものが、1924年度
には725校となった（台湾総督府学事第十九と第二十四年報による）。

3 分校は1学校としてみなされるため、分校が1校設置されると、全島の公学
校も1校増えることになる（1912年改正の公学校規則46条による）。

4 関帝廟公学校媽祖廟分校は1916年4月1日に設置（台湾総督府府報第984号、
大正5年4月5日告示第52号）。媽祖廟公学校は1920年4月1日に独立（台
湾総督府府報第2089号、大正9年4月14日告示第59号）。

5 台南の歴史と地域特性については台南州（1923）の『台南州概況』（全281頁）
を参照。本書は行政、教育、産業、交通、財政など多岐にわたり台南州の状
況を紹介し、特に産業（農業、商業、畜産業、林業、糖業、水産業など）に
ついての説明は全体の3分の1（99-196頁）を占めている。

6 許佩賢（2005）『殖民地台湾的近代学校』台北遠流出版社、李鎧揚（2012）『日
治時期台湾的教育財政：以初等教育費為探討中心』国史館、呉宏明（2016）『日
本統治下台湾の教育認識　書房・公学校を中心に』春風社などがある。

7 台湾での公学校研究は2003年に発表された台湾師範大学院生何憶如（2003）の「桃
園縣新屋国小校史之研究（1905-2003）」（修士論文、未出版）や台南師範学院院生
洪郁嫺（2003）の「日治時期「高雄第一公学校」之研究」（修士論文、未出版）な
どを嚆矢とし、個別の公学校史研究が数多く現れた。洪の研究は高雄市の初等教
育施設の全体設置状況について触れているが、高雄最初の公学校である高雄第一
公学校が設置された後の高雄市の初等教育機関について論じるためであった。

8 媽祖廟公学校の学籍簿、卒業生台帳などは保西国民学校による資料提供であ
る。台南第一公学校や台南第二公学校など台南市内の学校沿革誌は白柳弘幸
による資料提供である。

9 范勝雄（1983）「台南市区里変革初探」『台湾文献』34巻3期、21-60頁。蔡
蕙頻（2012）「1920年台湾廃庁反対運動与地方意識—日治時期台湾政治史的
再論析」『台湾学研究』13期、185-206頁。

10 台南州（1938.6.15）『台南州要覧』、50-71頁。

11 台湾総督府史料編纂会（1896.5）「台南支部管内景況報告」『台湾史料稿本』［公
文類纂］乙一〇卷ノ一四。当時の地名の後ろに括弧付きで記されているのは
のちに変更された地名であり、現在でも使われている。

12 台湾総督府内務局学務課『台湾学事一覧（大正十三年九月）』に掲載された
学校分布図を基に筆者が加筆したものである。

13 台湾教育会編（1939）『台湾沿革誌』、246頁。

14 台湾日日新報（1899.7.16）「台南県関帝廟公学校開校式」日刊2版。同年9
月13日の記事「学校及び教員生徒数」（日刊2版）によれば、当時台南県
下の公学校は初年度より2校増えて、16校になっていた。

15 台湾日日新報（1899.11.22）「公学校設立認可に関する方針」日刊1版。

16 台南第二公学校沿革誌（1898-1933）台南市立人国民小学所蔵。

17 同上、注2。

18 台湾日日新報（1926.7.7）「就学児童の大増加で最早姑息な手段では遣り繰
りが出来ぬ台南市　第四公学校新設を計画」日刊5版。

19　同上、台湾日日新報の記事。

20　台湾日日新報（1927.11.21）「台南学校新設」夕刊2版。台湾日日新報漢文版（1928.1.10）「台南市教育費借入金及新施設」日刊4版。

21　柯萬栄（1937.8.31）『台南州教育誌』、208頁。

22　台南市崇和国民小学公式サイトによる。https://www.chees.tn.edu.tw/modules/tadnews/index.php?nsn=2（2023.10.05アクセス）。

23　台湾総督府職員録の記録によって整理した。1923年に設置された「埤仔頭分教場」は2学級配置の分校であり、1928年以降は記録からなくなり、独立した記録も見つからなかった。1943年に再び「埤子頭分教場」（2学級配置）という記録があったが、両者の関連性は不明である。

24　「台湾公学校設立廃止規程」（1907.3.8）『台湾総督府文書』国史館台湾文献館所蔵。「台湾公学校分校及分教場ノ設置ノ認可スル前内議方ノ件通達」（1902.2.24）『台湾総督府文書』国史館台湾文献館所蔵。

25　「明治三十七年三月府令第二十四号台湾公学校規則改正」（1912.11.28）『台湾総督府文書』国史館台湾文献館所蔵。

26　「公学校規則中改正ノ件（府令第二四号）」（1920.4.1）『台湾総督府文書』国史館台湾文献館所蔵。

27　台湾総督府内務局学務課『台湾学事一覧（大正十三年九月）』に掲載された学校分布図を基に筆者が加筆したものである。

28　1898年の総督府調査によれば、阿嗹庄の書房は1軒（致遠軒）のみであった（『台湾総督府文書』（1898.8.13）「台湾全島書房取調一覧表」）。全島の書房数変化からみれば、1915年に599軒、1916年に584軒、1917年に533軒、1918年に385軒、1919年に302軒、1920年に225軒と、確かに阿嗹分校が設置された時期に書房数は逐年減少の傾向にあった（『台湾教育沿革誌』（1939）984-986頁）。1921年以降は書房への取締りが更に強化されたことは、呉文星の研究でもすでに指摘されている（「日拠時期台湾書房教育之再検討」『思與言』26巻1期（1988）、102-108頁）。書房の新設を防ぐための学校設置が阿蓮公学校にどのような影響を与えたかについてはまた別稿に譲りたい。

29　台南第二公学校沿革誌（1898-1933）台南市立人国民小学所蔵。

30　台湾日日新報漢文版（1912. 3.24）「分校准設」日刊5版。

31　柯萬栄（1937.8.31）『台南州教育誌』、207頁。

32　台南第二公学校沿革誌（1898-1933）台南市立人国民小学所蔵。

33　「関帝廟公学校媽祖廟分校外五校独立獨立ノ件」（1920.1.1）『台湾総督府文書』国史館台湾文献館所蔵。

34　陳怡秀（2004）「保西長興二里開発之研究」国立台南大学郷土文化研究所年度修士論文（未出版）。

35　「新豊郡帰仁農業補習学校経営の実際」『台湾教育』375号、65-75頁。

36　屋部仲栄（1937.8.19）『地方都市事業紹介』、77頁。

37　1925年度の台湾総督府職員録（https://who.ith.sinica.edu.tw/）。

［謝辞］本研究はJSPS研究費20K02550の助成を受けたものです。

Ⅲ．書評

書評

佐藤仁史・菅野智博・大石茜・湯川真樹江・森巧・甲賀真弘編著『崩壊と復興の時代―戦後満洲日本人日記集―』

飯塚　靖*

　本書は編者諸氏が収集した戦後「満洲」（以下、かぎ括弧を省略）を記した日本人日記4種を整理・翻刻したものであり、さらに各日記について詳しい解題と注釈が付されている。満洲からの引揚げの際には、ノート類の引揚船への携帯が禁止されたため、戦後満洲での日本人の避難生活、引揚げ、あるいは留用などを、日記・メモなどの一次史料を用いて研究することは難しい状況にある。また、中国側には関連する檔案（行政文書）が保管されているであろうが、資料公開が進んでいるとは言い難い。そうした状況の中で、本書は日記という一次史料を発見し、それを翻刻したものであり、研究上において重要な意義を有している。

　編者諸氏は、「満洲の記憶」研究会のメンバーとして、これまで旧満洲で暮らした人々に聞き取り調査を実施し、資料収集を行ってきた。本日記の発見も、そのような活発な調査・研究活動の中で生み出された成果である。かかる経緯から、本書は前作『戦後日本の満洲記憶』（東方書店、2020年）に次ぐ、「満洲の記憶」研究会叢書・第2集とされている。

　本書においては、日本人の避難や引揚げの歴史を、大日本帝国崩壊の中での日本人苦難史としてのみとらえるのではなく、「ソ連軍侵攻後の満洲において日本人が直面したのは、大日本帝国秩序の崩壊と冷戦秩序の形成という極めて流動的な状況であり、満洲在留日本人は冷戦の最前線に放り込まれることとなった」（8頁）としている。この指摘は重要であり、こうした視点を有することによって、満洲在留日本人の敗戦後の動向を東アジア冷戦史の中に位置付けることができるのである。

　以下ではまず、解題を参考にして、各日記の発見経緯、著者の経歴、日

＊下関市立大学元教授

記の内容及び意義などを紹介する。次に、評者のこれまでの研究に即して、日記に書かれた事実で重要な箇所を摘示してみたい。

八木聞一『長春日僑生活誌抄』

　本日記は、滋賀大学経済経営研究所所蔵「満洲引揚資料コレクション」の中から発見されたものである。著者の八木聞一は、1897 年東京市生まれ、1918 年東京高等商業学校（現・一橋大学）卒業、その後久原財閥傘下の企業に勤務し、31 年には、同窓会「如水会」の会長も務めた満鉄副総裁・江口定條の要請により渡満し、満鉄に勤務した。そして、満鉄及び系列企業の中で頭角を現し、39 年段階では満洲重工業開発株式会社（満業）理事兼総務部長を務め、43 年には東辺道開発株式会社理事、本渓湖煤鉄公司理事など各種役職を兼務し、満業の大幹部の一人であった。敗戦後の 1945 年 8 月には、高碕達之助を会長とする東北地方日本人救済総会の会長附委員となり、また長春市日本人会にも関係するなど、日本人の救済及び引揚げのために尽力した。

　本日記は、1945 年 8 月 9 日から 46 年 10 月 3 日までであり、ソ連軍の駐留、中国共産党（以下、中共）の一時占拠、国民政府による統治など、激変を繰り返す長春市の日々の状況が綴られている。またソ連軍、中国共産党当局、国民政府などとの折衝の内容、さらには日本人保護と引揚げについての取り組みが克明に記録されており、非常に有益な内容である。なお、長春市からの日本人引揚げは 46 年 9 月で一旦終了するが、八木はその後も同地に残留したと見られるが、その足跡は不明であり、日記が日本に持ち込まれた経緯も不明とされている。

　本日記で評者が着目したのは、下記の 2 点である。第 1 に、長春市日本人会が主導して日本人避難民を西安炭鉱（現・吉林省遼源市）に送致した事実が確認できることである。すなわち、1945 年 9 月 23 日に八木は、「奥村（慎）君と満鉄内蘇連鉄道司令部に行き、バレンボーエム中佐に面会し、西安炭礦復興のためには従業員増加の要あり、之に充当に適せる北満避難民（元鶴岡、密山炭礦等）を新京より送る件に付、説得に務む」とある。その前後にも、西安炭鉱についての記述は頻出し、西安炭鉱疎開団が送り込まれたとする。満洲内の鉄道運行や工業用・民需用

に石炭は不可欠であり、ソ連軍も炭鉱の早期再開を企図したと考えられ、一方で長春市日本人会は、長春に流入する避難民に自活の方途を与えるために、ソ連軍の要請に応える形で多くの避難民を炭鉱労働者として送り込んだのである。

　長春から西安炭鉱への避難民 5000 名余りの送出と劣悪な環境下での死亡者の続出については、『満蒙終戦史』（満蒙同胞援護会編、河出書房新社、1962 年、325、326 頁）で記載されている。実はこの西安炭鉱には、劣悪環境で苦しむ避難民の保護を理由に大塚有章を中心とした在長春日本人左翼グループも乗り込み、1945 年 12 月末には「東北建設青年突撃隊」なる組織が結成され、西安に送致された義勇隊、開拓団などの若者への働きかけがなされ、その後の留用日本人に対する思想教育・思想改造の実験場となったのである。また、そうした日本人工作の背後には、国共内戦遂行の石炭供給源としてソ連軍から同炭鉱を引き継ぎ、日本人を労働力として使役したいとの中共側の思惑も絡んでいたのである（飯塚靖「戦後中国東北における左翼日本人の動向―長春・瀋陽を中心に―」『下関市立大学論集』第 65 巻第 2 号、2021 年 12 月）。本日記はまさに、冷戦の最前線の中に放り込まれた日本人の動きを読み解く貴重な手がかりとなるのである。

　第 2 に、1946 年 4 月から 5 月にかけての、中共軍による長春市の一時占拠の状況に関する記述も、歴史の証言として重要である。46 年 5 月 1 日に八木は、「平山、進藤両君と共に旧市長公館に人民自由軍（中共軍）の外事部長李初梨氏、小松某君を訪問し懇談す。10 時より豊楽劇場にて日本人民主連盟長春準備会の講演会を聴く」とある。この小松とは、合作社事件で逮捕され、奉天の監獄に投獄されていた小松七郎（帰国後、日本共産党千葉県委員会委員長）であり、中共の日本人政策の主導者・李初梨（京都帝国大学留学）と小松七郎が同時期に長春で活動していたこと、さらには日本人を集めてのメーデー祝賀大会については、評者の研究ですでに指摘している（飯塚前掲論文、15、16 頁）。この八木の日記の記述は、評者の研究の裏付けとなる内容である。

安武誠子『長春・安東日記』

　本日記は、筆者の子息より、日記データとして提供を受けたものである。安武誠子（旧姓・山口）は、1900 年熊本県に生まれ、東京女子大学卒業後、ボランティアや社会福祉活動などを経て、26 年前後に大連に渡り、新聞社に勤め、同地において小学校の同級生であった安武柳條（逓信官吏練習所卒）と結婚した。45 年には新京の満洲日報社に記者として勤務しながら、家庭の主婦として夫や子供たちの生活を支えた。

　本日記は、1945 年 1 月 1 日から始まり、途中 45 年 8 月 16 日より 46 年 2 月 3 日までの安東での疎開生活を挟み、46 年 7 月 28 日に故郷熊本に帰り着くまでが記されている。本日記の意義は、誠子の取材対象である満洲国末期の政府諸機関の動向の一端が窺えること、さらには新京市民の暮らしぶりが垣間見えることである。誠子は記者として厚生部、勤労部、労務興国会などを頻繁に訪問しており、これら機関が満洲国末期にいかなる施策を展開していたのか関心が持たれる。生活面に関しては、石炭の入手に苦労する状況が綴られ、家族が体調不良をきたしても体温計の入手も難しいことが記されている。食糧不足や石炭不足が影響したものか、誠子の夫や息子たちは度々風邪や腹痛などで苦しみ、誠子の苦労が窺える。

　敗戦後の長春において誠子は、日本人会で仕事をし、開拓団避難民の救済活動に取り組んだ。その記録も詳細な内容であり、貴重なものである。評者が着目したのは、中共軍の長春一次占拠時期の 1946 年 5 月 19 日に『民主日本』編集部を訪問していることである。この『民主日本』とは、前述の小松七郎を中心とした日本人民主連盟が短期間発行した日本語新聞であり、後の在東北日本人向け新聞『民主新聞』につながるものである（飯塚前掲論文、16 頁）。

池田實・雪江『公主嶺日記』

　本日記は、池田夫妻の長女より提供されたものである。池田實は 1902 年生まれ、27 年に北海道帝国大学農学部農芸化学科を卒業し、鳥取高等農業学校教授を経て、36 年 6 月に満鉄公主嶺農事試験場（38 年満洲国に

移管）に就職し、引揚げまでの 12 年間を公主嶺で過ごした。この公主嶺農事試験場は、満鉄の各地農事試験場を統括する本場であり、池田實はそこでアルカリ土壌研究に従事した。池田雪江（旧姓・小谷）は 1904 年に敬虔なクリスチャンの両親のもとに生まれ、青山女学院卒業後、29 年に札幌の教会にて實と結婚し、4 人の娘が生まれた。敗戦後、池田夫婦及び 4 人の娘は公主嶺で暮らし、實は国民政府に留用となり、一家（長女と次女は先に帰国）が引揚げるのは 47 年 10 月であった。

　本日記は、1945 年 8 月 9 日から 1947 年 10 月 26 日の引揚時までのものであり、家族の衣食住や健康状態が克明に記録されており、満洲地方都市残留日本人の生活状況を知る上で非常に有益である。また、公主嶺と日本との間では手紙のやり取りも可能であったことが記載されており、興味深い内容である。

渡部通業『通化日記』

　本日記は、2016 年 6 月に国際善隣協会において大同学院 2 世の会所蔵の資料群を整理している際に発見されたものである。渡部通業は、1892 年福島県会津若松に生まれ、1913 年に旅順工科学堂を卒業して、満鉄に入社した。43 年当時は昭和製鋼所参事及び運輸部次長を務め、満洲製鉄株式会社設立（1944 年 4 月）後には同社東辺道支社（通化二道江）に赴任したものであり、敗戦時には満洲製鉄東辺道支社において満洲製鉄参与兼光建設局（地下溶鉱炉建設隊）副局長の任にあった。

　関東軍は、ソ連軍及び米軍の満洲侵攻に備えて、関東軍の主力を通化を中心とした東辺道に集結させて徹底抗戦するという作戦計画を立案した。そして「光建設」と称して、二道江の山地に地下壕を掘り、満洲製鉄株式会社傘下の本渓湖、鞍山などの製鉄設備を移駐し、東辺道の鉄鉱石・石炭を原料に製鉄を行い、さらに武器・弾薬をも自給するという計画を立てた。これが渡部が担当した光建設である。本日記は、1945 年 7 月 1 日から 46 年 10 月 23 日の引揚げまでのものであり、満洲国終末期の光建設の取り組みについての記載もあり、担当当事者が残した光建設に関する一次史料として、研究上重要な意味を持つ。また日記では、中共軍の通化での活動、及び 46 年 2 月の通化事件についての記載もあり、こ

れも研究上有益である。

　本日記に関して評者の着目点は、中共軍が二道江に兵器生産拠点を建設しようと企図した事実が確認できることである。1945 年 12 月 14 日の記載では、「東北軍司令部は煤鉄を接収して工務部となし、機械工場を接収して兵工廠となし、他に化学研究所を設置する計画の如し」としている。また、12 月 29 日に渡部は、中共軍の工業部幹部に東辺道開発計画の説明を行っている。すなわち、中共軍は国共内戦遂行のための武器・弾薬の自給を目指して、通化二道江で製鉄所及び兵器・弾薬生産工場の建設を計画し、そのために「光建設」の「成果」を利用しようと構想したものであろう。二道江における兵器生産拠点の建設の動きについて評者は、45 年 10 月 14 日に瀋陽で設立された中共軍の軍工部が二道江に移動し、満洲製鉄東辺道支社を接収して、兵工廠、化学廠、錬鋼廠を建設しようと企図した事実を指摘した（飯塚靖「国共内戦期・中国共産党による東北根拠地での兵器生産」（Ⅰ）『下関市立大学論集』第 57 巻第 3 号、2014 年 1 月、10 頁）。本日記の記載は、評者の研究とほぼ一致する内容となっている。

　以上のように本日記には、日本帝国秩序が崩壊し冷戦体制へ向かうという流動的な時代状況における日本人たちの生き様が克明に記録されており、歴史史料としての重要性のみではなく、読み物としても大変興味深い内容となっている。また、日記の主人公たちが交流した日本人、中国人についても実名での記載があり、編者による詳細な注釈も付されており、戦後の日中関係を人的交流の中から探るためにも貴重なものとなっている。本書が今後、様々な分野の研究者に幅広く利用され、諸史料の情報と比較検証され、新たな事実が掘り起こされることを期待したい。

（東方書店、2023 年、565 頁、7000 円＋税）

書評
野口英佑著
『台湾における「日本」の過去と現在
——糖業移民村を視座として——』

滝澤佳奈枝 *

　「あとがき」によると、本書は著者が 2022 年 12 月に神戸大学に提出した博士論文を基にしており、第 2 章～第 5 章以外は書き下ろしとのことである。

　本書の構成は次のとおりである。各章の節以下は紙幅の関係で省略する。

　序章では、まず「親日台湾」というイメージがどのようにして形成されていったのか（本書、4 頁）、そして現代の台湾で「日本」がどのようにイメージされているのかを先行研究や歴史的事項から考察を行ってい

＊お茶の水女子大学アカデミック・アシスタント

る。その結果、「日本統治時代の『評価』といっても、絶対的な評価という訳ではなく、あくまで戦後の国民党政権下との相対的な『評価』であることがうかがえる」とする（同前、7 頁）。また、日本統治時代だけの評価にとどまらず 1990 年代後半から見られた「哈日族」の存在なども「親日台湾」のイメージを形成する要素になっていることを指摘している。

　「『親日台湾』言説の限界」として、2015 年に日本統治時代に建てられた神社（筆者注：鹿野村社）が台湾東部の台東県鹿野郷龍田村（龍田村は、日本統治時代の鹿野村から一部を分離する形で 1961 年に新しく設けられた村とのこと。同前、32 頁。37-38 頁）で再建された事例を取り上げている。この再建された神社そして龍田村こそ本書の舞台となるところである。

　鹿野村社は、台湾東部の小さな田舎町にあり、国民党の勢力が強く、親日度も低い地域にありながら再建された。著者は、このことに着目し、日本統治時代の建築物の再利用を例にとりながら、「再利用される過程を明らかにした上で」考察を行うとする（同前、12 頁）。その他、各章の内容についての紹介があり、第 1 章から本格的な考察が展開されていく。

　第 1 章では、族群（エスニックグループ）に着目し台湾全土から台湾東部へと視点を移しながら、台湾東部の移民事業を中心とした歴史的背景を明らかにするとともに、現在との連続性についても論じられている。

　台湾には四大族群（原住民族、閩南人、客家人、外省人）が存在しており、台湾東部は原住民や客家人そして外省人が多いというのが一般的なイメージとされている。しかし、ミクロな視点で分析を行うと台東県鹿野郷の族群構成は複雑であり、これらのイメージが当てはまらないという。その背景には、この地域が日本統治時代に糖業移民村であったことがある。終戦後に日本人の糖業移民が鹿野村を去った後、その地には周囲に住んでいた漢人が移り住んだ。鹿野村が「空白の場所」になるたびに、移民事業や人々の流入が繰り返されることになる。糖業移民村としての鹿野村の歴史を紐解きながら考察を行うことで、今日の龍田村には 3 つのコミュニティが存在していることが明らかにされる。1 つ目は、少数の日本統治時代の知識人とその子孫、2 つ目は二次移民とその子孫、そして 3 つ目が新移民である [1]。著者は先行研究の言葉を引いて台湾東

部を「台湾の縮図」と表している。糖業移民村であったことから、鹿野村の土地は戦後の接収作業を経て台湾糖業股份有限公司が所有しているという。また、今日の龍田村においても日本統治時代の知識人の子孫たちが名声を誇っているという連続性が示された。

　第2章では、日本統治時代の神社が再建され再利用されている事例に関する先行研究、本研究の調査の概要、鹿野村社の歴史について述べられており、2000年代前半に行われた鹿野村社再建計画について論じられている。この再建計画は、地方政府と中央政府の鹿野村社再建に対する立場の違いによって実行に移されることが無かったことが明らかにされた。著者は、「再建されなかった事例についても見落とすことなく、丁寧に論じていく必要がある」と述べている（同前、50-51頁）。

　第3章では、中央政府による鹿野村社再建に関する考察が行われる。その際に着目したのが花東縦谷国家風景区管理処（交通部観光局の地方機関。以下、縦管処）第五代処長の陳崇賢である。彼が推し進めた鹿野村社再建計画の実態を解明していく上で、重要なキーパーソンが登場する。代表的な人物として、日本統治時代の知識人の子孫である邱鈺真と邱樹蘭、二次移民の陳健光、新移民の李元和があげられている。陳崇賢に行った聞き取り調査を基に考察を行うことで、鹿野村社再建に対する各コミュニティの立場や考えに違いがあることが明らかにされた。陳崇賢は、再建について二次移民としか交渉を行っていなかった。著者は、このことが後に鹿野村社再建の段階で影響を及ぼしたことを指摘している。

　第4章では、着工後の鹿野村社再建計画についての考察が行われている。地元住民（先述の3つのコミュニティ）が鹿野村社再建を「どのように解釈し、受容していったのか」という点を明らかにするために、「地域社会レベルでのミクロな政治過程に着目」した考察が行われた（同前、107頁）。ここで新たなキーワードが登場する。それは、地元住民の「本音」と「建前」である。縦管処と鹿野郷公所は鹿野郷社再建に関する議論を何度も行い、再建の合意を得るに至る。当初、現存する台座を取り壊して新たに再建する予定であった。しかし、着工後に地元住民から鹿野神社再建に関する陳情書が提出されることとなる。陳情書は、現存する台座の取り壊しや古跡の破壊に反対する内容であった。日本統治時代の知識人の子孫は、日本統治時代の鹿野村社の復元を望んでいた。著者

は、鹿野村社が「単なる建築物ではなく、日本統治時代の知識人の子孫のルーツと権威の象徴である」との見解を示し、聞き取り調査を通して「台湾東部の日本人移民の信仰を保存すること」が重要だったのだとする（同前、114 頁）。この件では、新移民も台座取り壊しに対して積極的に抗議を行ったという。著者は、新移民の言動には「本音」と「建前」があるとし、新移民たちの言動は「日本統治時代の知識人の子孫たちが有する権力や影響力」に注目したものであるとの分析を行っている。そして、「地域社会における影響力を高めながら積極的に地域活動に関与しようとする新移民の一種のアイデンティティが視覚化されたもの」であると述べている（同前、132 頁）。著者は、「地元住民が文化資産に対して意味を見出だしていく過程」を明らかにすることで「日本統治時代の歴史の連続性が与える影響」も示すことができたとする（同前、136 頁）。

　第 5 章では、「よそ者」である新移民にとって日本統治時代の建築物がどのような意味を持つのかが明らかにされていく。著者が考察の際に着目したのは、鹿野村社再建の時とは異なり、新移民が自らの手で「空白の場所」となっていた鹿野区役場の修復を行ったという点である。著者は、鹿野区役場の修復では「日本統治時代の歴史や記憶の表象」というよりも「新移民たちの繋がりを象徴する場」としての意味合いに重きが置かれていたとする。そして、先行研究の「オーセンティシティ」という概念を用い、「よそ者」である新移民たちは、自分たちの「居場所」を作ることで「コミュニティの連帯を強化するとともに自己イメージの肯定的な再定義を図り、龍田村において生活を営んでいく『オーセンティシティ』を摑み取ろうとした」との結論を導き出している（同前、162-164 頁）。

　終章では、鹿野村社再建の事例を通して①同じ行政機関であっても日本統治時代の建築物再建に対する捉え方が地方と中央では同じではないこと、②行政機関や組織、地元住民などが立場の違いによって様々な形で携わっていたこと、③コミュニティにより鹿野村社再建に対する受け止め方が異なることが明らかにされた。③については、鹿野区役場の修復を通した考察結果とも共通しているという。今後の課題として、台湾の人々が再建や修復後の建築物をどのように利用しているかという点について理解を深めること、「台湾東部の事例研究を、台湾研究の縮図とし

てとらえる枠組みの提示」の2点をあげている（同前、176頁）。再利用
の状況については、補論で触れられている。

　本書は、地域社会における政治過程や人間関係などのミクロな視点に
基づいて行われた事例研究である。鹿野村社再建と鹿野区役場修復の2つ
の建築物が事例として取り上げられている。著者は、再建や修復に携わっ
たキーパーソンを見つけ出し、聞き取り調査を行っている。この聞き取り
調査の内容を軸に展開されていくが、行政文書や新聞記事などを照らし合
わせながら丁寧な裏付け作業が行われている。ここまで深く話を聞き出す
ことができたのは、著者と相手との間に信頼関係が成立していたからこそ
である。行政や政治に関わる人物がここまで語るのかと目を見張った。聞
き取り調査後の活字化や内容確認ならびに裏付け作業などにも時間が要
したことは想像に難くない。活字化されない見えない部分に時間を割き丹
念に読み解こうとした著者の姿勢には見習うものがある。

　本書を読み進めていくと、いくつかのキーワードが浮かび上がってく
る。それは「空白の場所」「キーパーソン」「本音」「建前」「コミュニ
ティ」などである。著者は、キーパーソンを見つけることの重要性につ
いても指摘している（同前、179頁）。各章では、これらのキーワードを
手がかりとしながら考察が進められており、内容を理解する上での一助
となっている。

　マクロな視点ではなくミクロな視点での考察を行うことにより、台湾
社会、特に本書の舞台となる台東県鹿野郷龍田村の複雑性が浮き彫りに
されたと言えよう。その複雑性は、日本人が抱く台湾のイメージを問い
直す切っ掛けを与えてくれる。

　全体を通して気になった点がいくつかある。まず、族群についてであ
る。族群については、第1章で言及されているが各章で行われた考察に
は殆ど反映されていない。考察では、異なる3つのコミュニティの言動
等に主眼が置かれていた。各コミュニティやキーパーソンの族群などに
も言及することができれば、全体が一層まとまりのある内容になったの
ではなかろうか。

　次に、用語についてである。本書では、台湾人ではなく漢人で統一さ
れていることから、先住民族を研究対象としていないことが見て取れる。
しかし、稀に台湾人という表記も確認できる。漢人と台湾人をどういう

意図で使い分けているのか疑問を持った。使い分けるのであれば、用語の説明は必須であると考える。

　3点目は、資料及び参考文献についてである。鹿野村社再建の話が持ち上がったのが2000年頃であるため、使用されている資料も比較的新しいものが多い。聞き取り調査により、日本統治時代の影響が今日にも続いているということが明らかにされたが、日本統治時代に関しては先行研究に依拠するところが多く、注に記された日本統治時代の歴史資料は限られている。当時の資料に当たることで糖業移民村としての歴史を持つ鹿野村の様子をより具体的に示すことができたのではないだろうか。戦前と戦後を繋ぐ連続性を明らかにするためには、やはり日本統治時代の資料にも可能な限り当たるべきであろう。例えば、『移民事業ノ概況』には鹿野村の土地や移民の状況について比較的詳しく記されている[2]。また、『臺東廳要覧』には台東庁の土地や気象、人口、行政、産業、教育など幅広い内容が記されており、台東庁の全体像を把握することが可能となっている。鹿野村社に関する言及も見られる[3]。

　最後に、巻末に龍田村の歴史ならびに鹿野村社再建の経緯をまとめた年表や参考文献一覧があると、より読者の理解が進むものと考える。

　本書は、現代の台湾における日本統治時代の建築物再建と再利用を題材とし論じつつも単なる事例研究にとどまらず、日本人が台湾に抱いているイメージを問い直すものにもなっている。国民党と民進党といった政治権力、地方と中央の行政機関、族群やコミュニティ、「本音」と「建前」などが絡み合う複雑性を浮き彫りにすることで、「日本人がまだ知らない台湾」（同前、195頁）を描こうとした意欲的な著書だと言える。

（ゆまに書房、2023年、208頁、税別2,700円）

【註】
1　龍田村で言う「新移民」と台湾一般社会で使用されている「新移民」は異なる人々を指している（本書、38-39頁）。
2　臺東廳『移民事業ノ概況』、1932年。奥付が無いため発行年限等不明。書名が記された扉に昭和7年とあり、台湾総督府図書館の蔵書印と「秘」の角印が押されている。国立台湾図書館でも出版年を昭和7（1932）年としている。
3　臺東廳『臺東廳要覧』、1931年。同1936年。

書評
劉建輝編著
『「満洲」という遺産　その経験と教訓』

田中 寛*

1．はじめに

　昨年は「満洲事変」（あるいは柳条湖事変。中国では「九・一八事変」）
から 91 年、そして今年 2023 年は「満洲国」建国から 92 年が経過した。
この経緯を踏まえて、出版界でも一般書から学術書まで数種類の書籍が
刊行された。本書評でとりあげる研究書はその最大の成果ともいえる。小
文では、まず「満洲（国）」研究の視座を再確認しつつ、同書の内容を紹
介、考察してみたい。

　日本人にとっての「満洲」（「満州」もふくめ）は傀儡政権であり国際
的に認められなかったことから、括弧つきで表記されることが多く、中
国では国家として認められないという立場から「偽満洲国」と称してい
る。当然ながら、「偽満洲国」に関する研究は〈検閲〉が厳格であり、双
方の研究は今世紀に入っても大きな懸隔を有することは否めない。いな、
ますます大きくなりつつある。そうした中でも、接点を求め努力は続け
られており、いわば「満洲」・「偽満洲国」の研究は〈合わせ鏡〉のよう
な世界で、対話なくしては双方が分かち合う成果は共有されない[1]。

　作家で中国文学研究者の高橋和巳（1931-1971）は「満洲」の幻影を一人
の引き揚げ者の内面の葛藤から崩壊をえがいた長編小説『堕落』（1969）
のあとがきで次のように述べた[2]。

　　　太平洋戦争の敗戦を〈終戦〉と言いかえた時から、考え尽すべき
　　多くの問題が、抑圧されあるいは単に忘却してすまされることと
　　なったが、その半ば無意識的に忘却されようとしたもののうち、もっ
　　とも重大なものの一つは、幻の帝国——満洲国の建国とその崩壊で

＊大東文化大学名誉教授

ある（傍点、引用者）。

　高橋の述懐を継承し、凌駕する文学作品が果たして、以後生まれたであろうか。確かに多くの研究、論戦が戦わされ、創作も試みられたが、日中双方を向き合わせ、持続可能な対話を根付かせるべき作品は必ずしも享受されてはいない。そこに、現在の2国間の溝があり、絶えざる混迷があるともいえよう。小文では日中の戦前戦後を考える時、避けて通れない「満洲（国）」研究の現在地（現在値）を書評とともに瞥見してみたい。

2．研究の概要 ──「遺産」という意義づけ

　本書評で取り上げる『「満洲」という遺産』は、近年の「満洲国」研究のなかでも最も先端的な、充実した成果であろう。編者は京都の国際日本文化研究センター教授の劉建輝氏。かねてより親交のある劉氏は1990年前後から「満洲国」研究に着手し、同書は長年にわたる研究プロジェクトの活動成果である。副題には「その経験と教訓」と書かれている。満洲という世界を特殊なベクトルで捉える、それを「遺産」という。私たちが一般に使う「遺産（レガシー）」の奥底、基底にある実相こそいまだ見果てぬ本質なのである。単なる遺産として静観することは許されない。獲得すべきベクトルは、客体化する方法論であり、対話の基軸である。

　一方、「遺産（レガシー）」は語の忠実な意味とは別にしばしば独り歩きし、その視角、構図をどう設定するかで本質が見えて来る。しかも、そこに投入された情念は歴史的な経験として戦後も受け継がれ、様々な形態で現在の日本社会にも中国社会にも大きな影を落としている。いまだに両国の間にわだかまる傷痕、愛憎の感情、認識の懸隔も、「満洲」にほとんどが起因しているといっても過言ではない。副題に書かれた「経験」とは過去から何を学ぶかという、「教訓」と両輪の関係にある。

　同書は第Ⅰ部「制度と政策」では、第Ⅱ部「産業と都市」、第Ⅲ部「文化と文学」、第Ⅳ部「「満洲国」の前と後」からなり、序章以下全22本もの論文が収録されている。各論文には副題もそえられ、専門的に特化した印象が強い。同書の執筆者紹介によれば、日本人研究者が14名、中国・台湾研究者が8名、韓国研究者が1名である。

　以下、目次構成を執筆者とともに示す。

　まず驚くのは多彩な執筆陣であり、研究対象の斬新さである。これまで一時期を画した研究とは確度、視座を変えて、「満洲」の潜在する様々な事象の可能性をあぶりだしている[3]。こうした重厚、かつ詳細な、個別化した領域を限られた紙幅と時間で十分に論じることは恐らく不可能であろうが、筆者なりの視角で論じることにしたい。

　第Ⅰ部から第Ⅲ部までは、2つのジャンル、カテゴリーを合体、集約しているが、言うまでもなくそれぞれの概念は多岐に及ぶ。「制度」や「政策」にも主要なものから末端のものまで大小様々な対象が存在する。「文化」に至ってはさらに広大無限で片手間に論じつくせない。さらにこれらの概念は縦横に互いに交差していることにも注意しなければならない。「文化」は制度無くしては整備されないこともその一例である。カバー表紙の見返しに書かれた次の紹介文言は、同書の研究趣旨を的確に

まとめているので転写しておきたい。

　　　一四年間しか続かなかった帝国日本最大の植民地「満洲国」は、
　　関内（中国）をはじめ、内地日本、朝鮮、ソ連などといかなる関わ
　　りをもっていたのか。また、いわゆる「日人」「満人」双方の精神
　　活動と行動原理に深く影響を与えた現地の社会と文化はいかなるも
　　のであったのか。本書では、構造的かつ多角的な視点から「満洲」
　　の全体像を構築し、あわせてその存在が中国や日本、また朝鮮に及
　　ぼした歴史的な役割と意味を追究する（傍点、引用者）。

　確かに「満洲」はそれ自体で存在したのではない。建国の背景にはさ
まざまな国際的な確執があり、文脈があった。「満洲」は地政学的にも
いわば"北東アジアのバルカン"ともいわれる位置にあり、周辺諸国の
思惑の渦中にあった。ゆえに、そこに交錯する諸民族は、"五族協和"と
いうスローガンでは到底くくれない葛藤、混沌が顕在した。日本人、漢
人（中国人）のほかにも流入した朝鮮族、また回族なども共存していた。
彼等の精神活動、つまり発想・思考判断様式は、当時、はじめて異言語
異文化と接触した日本民族にとっては、想像をはるかに超えた文化習慣
があり、発想様式があった。現在でこそ、さまざまなツールによる共有
が可能であるが、当時はまったくの試行錯誤の裡に失敗と錯誤を重ねな
がら行動原理を模索し、政策を進めるほかなかった。まず、そうした時
代状況、制限された言語文化空間であったことを認識しておく必要があ
る。そうすることによって、「歴史的役割と意味」の具体像が見えてくる
はずである。

3. 各章の論考にみる研究成果について（1）

　各部、各章の要点を瞥見していこう。何ぶんにも大部であるため、2章
に分けて論じたい。編著者による序章では研究の問題提起がなされ、「満
洲」研究の現在とありうべき射程を論じている。編著者はかつて次のよ
うに述べたことがある。文中の「戦後50年」は現在地の「戦後78年」
に置き換えても実態、指向性は変わらないものと思われる[4]。

　　　やや誇張した言い方をすれば、日本の近代史は、あたかもこの「満
　　洲」を中心に展開されてきたようにさえ感じられないことはない。
　　その一端は、たとえば「残留孤児」や「七三一部隊」などに象徴さ
　　れるように、戦後五〇年以上経った今日でもこの最大の古傷がなお
　　疼いてやまないことからもいくぶんうかがえる。

　　　　　　　　　　　　　　　（劉建輝『「満洲」幻想の成立とその射程』）

　第Ⅰ部では4本の論文によって制度と政策にまつわる事象が提起され
ているが、土地制度といい教育制度といい、それだけで「生存」はでき
ない。ある突出した現象を手掛かりに全体をできるだけ俯瞰するという
手法がとられるのもやむを得ない。土地に関しては古来より根強く続い
ていた原理風習があり、そこに異民族日本がどう介入したのか、大きな
関心がある。調査報告書がどこまで人の手と足で作成されたのか。問題
点はどこにあったのか。塚瀬論文は大量の資料渉猟によって読み解いて
いる。なお、注記にもあるように2011年までの資料に基づいているが、
以後の成果については別稿を俟ちたい。酒井論文はさまざまな政策の中
で言語教育の政策に注目し、そこにどのような異言語接触の実態が反映
されえたかを検証している。これらの検定試験の成果がその後中国、さ
らに南方にも波及していくことを併せ考えれば、検定試験のもつ意義を
精査する意味はおのずと明らかであろう。王確論文は第Ⅰ部にはやや落
ち着きの悪さを感じるが、こうした文化芸術の展覧会の開催にも政府の
制度政策が深くかかわっていたことが了解される。そこには一定の国威
発揚の志向性が込められるからである。西原論文では宣撫工作の一環と
しての「愛路運藤」がまさに日本的「ムラ」生成の役割を担っていた側
面が看取され、のちに華北や華南で波及していく「効果」にも興味がそ
そられる。日本語普及政策がどう関与したのかも関心がもたれる[5]。
　次に第Ⅱ部の6本の論文を見てみよう。ここでも多彩な視角から議論
が及んでいる。陳論文では「満洲帝国」崩壊後も新中国建設にあたって
重要なインフラ機構を遺した意味についても議論が及ぶだろう。現在に
連なる「遺構」の光と闇が交錯する。金子論文も日本では不可能だった
包括的かつ総括的事業の展開がいかにして可能とされたのかを究明して

いる。「大陸科学院」については今後さらなる研究の進展が期待される。竹村論文は前出の王論文とおなじく展覧会という民衆波及宣伝装置において果たした満蒙イメージについて論じている。劉論文は大連という国際都市に展開したモダニズム言語空間と都市生活の実相についての考察である。現代の大連文化の淵源を辿る意味でも興味深い。小林論文は庶民の生活空間日常に浸透した日本文化の教導であり、「日本化」の実相についての興味深い問題提起である。井村論文はハルビン名物のソーセージや「大列巴パン」といった、現代の食文化にもみられるロシア文化の浸透にも関心が及ぶだろう。「秋林」デパートを闊歩するロシア婦人の写真はなじみ深い。

4. 各章の論考にみる研究成果について（2）

　続いて、後半部分の第Ⅲ部、第Ⅳ部の論文について若干の紹介を試みる。

　第Ⅲ部には8本と最も多くの論文が収録されている。同書の中核的内容ともいえよう。孫論文はこれまでの宗教・秘密結社研究の延長に「満洲」の秘密結社をおそらくはじめて論じた論文である。なお「訪日団の始末」は「顛末」の意味であろう。岡田論文はこれまでの長年にわたる満洲文学研究の延伸にあり、「魯迅と満洲文学」、また東北が生んだ作家、蕭軍、蕭紅文学の文学的営為、遺産についての省察である。稲賀論文は満洲国の文化象徴の波及を、主として美術方面から光を当てた考察で、一見マイナーな領域でありながら、実は壮大な想像のスケールを醸し出す。たとえば、藤田嗣治の「哈爾哈河畔之戦闘」は戦争画としての不朽の作品である。松宮論文は、書道院の外交史に果たした役割を詳細に論じた重厚な論文である。現代に及ぼした影響もふくめた、今後の国際的な研究が期待される。柴・劉論文は、植民地のなかでも突出したモダン国際都市大連が育んだ想像力、イマージュが日本探偵小説というユニークな文芸創作に与えた影響を論じている。単論文は、「満系文学」への川端康成の文学との交渉を論じた。川端は2度満洲を訪れ、そのわずか数年後の戦争末期には報道班員として鹿児島鹿屋の陸軍特攻機地に滞在、多くの特攻隊兵士の出撃を見送っていたことも想起したい[6]。平石論文は、

金剣繍の文芸、絵画、演劇活動を通じてハルビンの左翼文芸運動の実相を論じた。東北文学研究の新しい展開である。最後の林論文は、満洲に移住した朝鮮人の文学活動の一側面を紹介しながら、当時のグローバル的な環境に生じた文学の胎動を小説、詩文を合わせて論じている。

　第Ⅳ部は総括的な観点から４本の論文を擁している。まず鈴木論文は、大局的な視点から「満洲国」誕生、「大東亜戦争」開戦、敗戦による崩壊の過程を検証した、同書で最長の論文である。著者は新しい歴史概念、歴史観創出の必然性を提起している。黄論文もまた長さでもひけをとらない。満洲国の非承認から国際連盟の脱退に至る経緯を縦横に詳細な資料を駆使して明らかにしている。その資料の渉猟と分析は圧巻の一言に尽きる。岸論文は、文学的視座から、満洲国崩壊前後に生まれた雑誌、「東北文学」の果たした役割について論じている。最後の山田論文は、「満洲」という体験が、膨大な研究と並走する記憶の景勝として、どう語り継がれるべきかを論じている。オーラルヒストリーを形成する証言、資料的価値と記録、記憶の継承をめぐる模索は日中の懸案的課題である。

　なお、満洲国期における文学研究で言及されていない文献について若干補足しておきたい。ひとつは中華口述歴史叢書（左玉河主編）の１冊として編まれた『黒暗下的星火─偽満洲国文学青年及日本当事人口述』（斉紅深編著、[鄭州] 大象出版社、2011 年、295 頁）である。『行行』、『星火』、『辰星』、『大地』などの同人誌、また魯迅文学研究社の成立など口述による証言が収録されており、附録も今後の研究に資するものが少なくない。もう１冊は『東北文学史論』（李春燕主編、[長春] 吉林文史出版社、1998 年、431 頁）である。とくに第五編の「東北淪陥時期文学総体論」、第六編の「新時期東北小説創作論」に紹介された事績は満洲国期の文学が新中国文学にいかなる影を落としたかを検証しており、邦訳が望まれるところである。

　以上、駆け足で各論考を瞥見したが、長年の歳月と心血をそそいだ各論文を的確に批評することは浅学の評者にとって至難の業である。紙幅と時間の関係もあり、多くの見落としがある事を恐れる。読者各位の御寛恕を乞う次第である。

5. 印象と今後の展開——次世代に向けての"満洲学"定位のために

　以上みてきたように、「満洲（国）」の生態について、ほぼ論じつくされたかに見える「満洲学」研究のアンソロジーである。その一方で、どこかに消化不良の印象もないわけではない。それは「木を見て森を見ず」、ではないが、さまざまな研究をつなぐ回廊が見えづらい点である。あとがきには編著者の研究プロジェクトの一端が記されているが、そのプロセス、作業の実態は必ずしも明らかにされてはおらず、ともすれば各研究者の論考を集約して分類を行ったとの感もいなめない。どのように協議を重ね、研究発表が行われたのか、という格闘の軌跡は明確に示されていないが、それは筆者たちの暗黙の了解ということであろう。より外に開かれた研究発表の機会があれば、また違った印象もあるのかもしれない。今後、学際的な研究の限界をどう乗り越えるかは重要な課題である。また、同書に収められなかった多くの課題も顕在する[7]。

　かつて、1990 年代、また 2000 年代の初期ごろまでは日中間の国際学術会議、シンポジウムが開催され、多くの人的交流があったものの、ここ 10 数年は失われた空白があるように思われる。相互の研究往来が停滞し、文献の収集に重きが置かれ、忌憚のない議論が行われにくくなっている。資料の収集が比較的容易になったとはいえ、やはり相互理解には対面による親睦交流、自由な意見交換が欠かせない。その意味でも、本書評でとりあげた研究成果は、新しい研究方法の成果でもあるのだろう。

　筆者の関心、さらに植民地教育史の見地から言えば、たとえば満洲において多くの日本語教科書を編纂した飯河道雄の足跡に関する研究、また最近では李孝遷「"忘掉祖国"：偽満国史教科書研究」（『学術月刊』[滬：上海]2023 年 2 月）といった中国側での研究が地道に行われており、教科書研究の新しい一面が看取される。"忘掉"（「忘却」）という表題には「忘れられない」という反語的意味が強く含意されているのである。

　以下、筆者の関心から、2 点ほど補足しておきたい。ひとつは口述史研究である。

　同書には第 21 章の山田論文にオーラルヒストリー、証言記録・記憶をどう継承するかという問題提起がみられるが、これについては 2 点紹介しておきたい。まず、徐成芳・斉紅深編著『関東州』歴史記憶』（人民出

版社、2022 年、498 頁）である。斉紅深氏は遼寧省教育長に長く勤められた中国では口述史研究の第一人者である。これまでにも『"満洲" オーラルヒストリー "奴隷化教育" に抗して』（竹中憲一訳、晧星社、2004年）、『日本侵華教育史』（中国・人民教育出版、2002 年）などの植民地研究に欠かせない研究書を出され、日本の研究者にも知己が多い。徐成芳氏は内蒙古大学マルクス主義副学院長、瀋陽師範大学教授などを務める近代思想研究者。20 数名のオーラルヒストリーである。「関東州」とは、日本が日露戦争で獲得した遼東半島南部に置いた州で山海関の以東の意味で満州を指し、関東軍が置かれた地。同書は 21 名の聞き取り調査からなる。1911 年生れから 1933 年生れまで、生い立ちから皇民化教育（中国では「奴隷化教育」）をうけた体験の経緯が赤裸々につづられ、貴重な写真も多く掲載されている。邦訳が期待されるところである。

　もう 1 点は、満洲建国大学研究のさらなる深化である。満洲の見果てぬ夢の 1 つが建国大学の建学精神とその終焉であろう。『五色の虹　満洲建国大学卒業生たちの戦後』（三浦英之、集英社文庫、2017 年）は五族協和を目指した学徒が戦後をどのように生きたかを追跡した証言によって当時の傑出した理想をたどっているが、一方で中国側では最高学府の「731 部隊」とも意義付けられることもある。こうした双方の主張の懸隔を検証する努力は未だ道半ばにある。理想だけでは末端の民衆の塗炭の苦しみは封印される。『五族協和の魁　満洲国立建国大学』（源元一郎、鳥影社、2021 年）も「満洲国の朝野挙って希望を寄せて居た青年達をして、眼前に控えた国造りの大業に思う存分に働かせる機会が奪い去られた」幻の楼閣であった。若き学徒の研鑽を通じて、満洲国の功罪を問い続けなければならない。

　さらに、『朱夏』、『植民地文化研究』に掲載された多くの労作も埋もれた歴史の再発見である[8]。こうした成果を今後、どう共有すべきだろうか。多くの知的ネットワークの構築はグローバル化の時代にあって真剣に議論すべき時である。

　かつて『東北淪陥史研究』（吉林省社会科学院）という学術誌があった（現在は『抗日戦争研究』に合流）。そこには 1980 年代から 2000 年代にかけて東北三省の研究者を中心に旺盛な研究成果が世に問われた。私は中国東北の威信、矜持をかけて、80 年代から「十四年東北淪陥教育史研

究」が蓄積されてきた歴史的労苦を忘れることが出来ない。多くの研究者は青春を、また人生の殆どをこの研究に捧げたのである。その真意にはやはり日中和解、不戦への強い意志があればこそであった。今、次世代にこうした歴史的絆を継承する努力の停滞を痛感する。将来にわたる研究の交誼を、あらためて祈願せざるを得ない[9]。そして、望むべくは、こうした研究成果を内外あわせて"満洲学"のデータベース（書籍・論文編）が作成されることを期待してやまない。

　　　（ミネルヴァ書房、2022 年、671+21 頁　定価 10,000 円（＋税））

【註】

1　高橋和巳『堕落』河出書房新社、1969 年、208 頁。

2　以下、本文では基本的に括弧つきで「満洲（国）」のように用いるが、各執筆者の表記についてはこれに従う。なお同書には「偽満洲（国）」の表記は見られなかった。

3　これまでの日中共同による「満洲」研究の成果として、『環』No.10 特集「満洲とは何だったのか」（藤原書店、2002 年）、藤原書店編集部編『新装版　満洲とは何だったのか』（藤原書店、2006 年）、植民地文化学会・東北淪陥一四年史総編室共編『〈日中共同研究〉「満洲国」とは何だったのか』（小学館、2008 年）がある。また玉野井麻利子編、山本武利監訳『満洲—交錯する歴史』（藤原書店、2008 年）は異なるアングルからとらえた歴史文化論集。

4　『アジア遊学』No.44 特集「日中から見る「旧満洲」」（勉誠出版、2002 年 10 月）の冒頭文。「「満洲」幻想の成立とその射程」、2-18 頁。

5　宣撫工作、宣撫員に関する最近の研究として、近年、2 冊の労作がある。王楽『満洲国における宣撫活動のメディア史—満鉄・関東軍による農村部多民族支配のための文化的工作』（新聞通信調査会、2023 年）。太田出『北支宣撫官　日中戦争の残響』（えにし書房、2023 年）第 4 章にある「愛路運動」の記述などを参照。

6　多胡吉郎『生命の谿　川端康成と〈特攻〉』（現代書館、2022 年）。

7　たとえば、以下のような成果である。西田勝・孫継武・鄭敏編『中国農民が証す「満洲開拓」の実相』（小学館、2007 年）、小林英夫『満鉄調査部（1907-1945）の軌跡』（藤原書店、2006 年）、別冊『環』⑫「満鉄とは何だったのか」（藤原書店、2006 年）。本研究で論じられなかったのは、おそらく大掛かりな組織的研究が求められると同時に、満蒙開拓団、満蒙開拓青少年義勇軍、731 部隊にかかわる諸問題、残留孤児・残留日本人問題など、「負」の遺産に特化した研究の指向性を考える必要があるからだろう。今後の取り組みに期待したい。

8　文化探究誌『朱夏』（せらび書房、1991-2007 年）は旧植民地文化と現代をつなぐ昭和文学研究誌でもある。22 号で停刊。なお、定期特集した西原和海・川俣優『満洲国の文化—中国東北のひとつの時代—』（せらび書房、2005 年）がある。また、「満洲国」の文化遺産を積極的にとりあげた『植民地文化研究：

資料と分析』（植民地文化研究会、不二出版）は 2002 年に創刊。現在、21 号（2023 年）を刊行している。

9　小文では紙幅の関係で割愛したが、このほかに「満洲」研究の新しい展開として、経済、政治、宗教までトータルにとらえた安富歩・深尾葉子編『「満洲」の成立　森林の消尽と近代空間の形成』（名古屋大学出版会、2009 年）、加藤聖文・田畑光永・松草三治編『挑戦する満洲研究　地域・民族・時間』（一般社団法人国際善隣協会発行、2015 年）、また「満洲国」統治の要諦ともなった法整備については、荻野富士夫『「満洲国」の治安維持法』治安維持法の歴史Ⅳ（六花出版、2023 年）などがある。

附記：この小文を没後七回忌にあたる進歩的歴史学者、故歩平先生にささげる。先生は黒龍江社会科学院歴史研究所所長時代から旧日本軍の毒ガス戦の実態解明に尽力され、また北京社会科学院近代史研究所に移られてからは所長の重責を担いながら、日中共同歴史研究の中国側座長として日中学術交流に尽くされたが、2016 年夏、68 歳の若さで突然他界された。日中両国にとって大きな損失、哀しみであった。先生の遺志を受け継ぎ、日中の学術研究交流に微力ながら精進することを誓うものである（2023 年 11 月 30 日記）。

Ⅳ．資料紹介

日本統治下台湾・朝鮮の「留学生」研究の課題

佐藤由美[*]

はじめに

　本稿は、2022（令和4）年11月13日に行われた日本植民地教育史研究会第48回定例研究会での報告内容を整理し、研究資料として収録するものである。筆者が約20年間にわたり進めてきた日本統治下台湾・朝鮮からの「留学生」[1]に関する研究の内容と方法を紹介し、それらの成果を踏まえて留学生研究の課題を提示することを目的としている。

　顧みると、これまでに公表した研究の内容は、全体像の把握から個別具体的な事例へと進み、方法の面からも以下の5つのカテゴリーに分類して示すことができる。

　Ⅰ　台湾・朝鮮留学生関係年表の作成
　Ⅱ　台湾・朝鮮留学生統計の整理
　Ⅲ　学校別の台湾・朝鮮留学生数の把握
　Ⅳ　台湾・朝鮮留学生を多く受け入れた学校のケーススタディ
　Ⅴ　留学経験者へのインタビューと記録

　詳細は後掲の〈資料1〉の通りである。掲載年は多少前後するが、上記のカテゴリー別に示している。研究成果には、研究論文のほか、研究ノートや研究資料、インタビュー記録などが含まれるが、本稿では便宜上、通し番号を付して、〔研究1〕、〔研究2〕のように示すこととする。

1. 留学生研究の内容と方法

　ここでは〈資料1〉の中から主な研究を取り上げ、その特徴について述べていきたい。〔研究1〕は、戦前に来日した台湾・朝鮮留学生に関する情報を年表形式で整理したものである。留学生研究の基礎作業として「叩き台」の役割が果たせればという願いで作成に取り組んだ。対象時

＊専修大学

期は1895（明治28）年から1945（昭和20）年の「解放」までの50年間で、情報ソースを多様に編集することを心がけた。新聞、雑誌、留学生団体機関誌、総督府刊行物、官報、留学生監督機関や内務省警保局の発行物、公文書、先行研究などを用いたが、網羅的とは言えず、それが（稿）とした所以である。

　〔研究2〕には、情報ソース別に以下の表1から表8の留学生統計を示している。台湾統治の約50年間、朝鮮統治の約35年間を通した同一機関による同一方法の調査は見当たらず、同じ時期の統計でも調査機関によっては数値の異なることもあった。表3がそれをよく示しているため、その一部分を〈資料2〉として掲載しておく。

　　表1 台湾留学生数の各学校段階別・年度別変遷　1906 ～ 1942
　　表2 在京台湾学生累年比較表（各年4月30日現在）1926 ～ 1939
　　表3 朝鮮留学生全体数の資料別変遷　明治41年度～昭和19年度
　　表4 朝鮮留学生の学校種別在学状況　大正9年～昭和14年
　　表5 朝鮮留学生の専攻分野別在学状況　昭和元年～昭和14年
　　表6 朝鮮官費留学生の専攻別就学状況　明治43年度～昭和10年度
　　表7-1 文部省直轄学校台湾・朝鮮学生生徒人員　1919 ～ 1934
　　表7-2 文部省直轄学校台湾・朝鮮学生生徒人員の各年比較　1919 ～ 1934
　　表8 半島人、台湾本島人学生生徒在籍者数調 1939

　〔研究3〕は、主として朝鮮教育会奨学部が行っていた「在内地朝鮮学生調」中の「学校別学生・生徒数（都道府県別）」を年度別に整理したものである。出典の詳細は〈資料3〉を参照されたい。注目したいのは、網羅的ではなかったものの中等教育機関の朝鮮人生徒数が明らかとなり、地方の私立中学校に多くの朝鮮人が在籍していた事実が確認できたことである。同様の留学生調査を台湾でも行っていた可能性はあるが、調査結果を発表した刊行物は未見のため、台湾については別資料[2]で2年分のみ掲載するに止まった。

　〔研究4〕は、朝鮮総督府警務局による1939（昭和14）年の調査結果であるが、朝鮮半島各道の官公私立学校、満洲国の私立学校から東京、大阪の学校に何名が進学したかを明らかにしている点で貴重である。この

調査の他年度の実施状況については不明である。

　〔研究5〕～〔研究8〕は、台湾・朝鮮からの留学生を多く受け入れた学校の個別研究である。〔研究9〕は〔研究3〕をきっかけに取り組んだもので、東京、京都、大阪、広島、愛知の中等教育機関から数校を取り上げ、台湾・朝鮮留学生の就学状況や留学生の受入れをめぐる各校の諸事情を調査・分析したものである。〈資料4〉〈資料5〉を参照されたい。

　東京の中学校4校は、私立中学校中退者・編入者多数校という共通点があった。当時の風潮として、私立中学校の中退や編入は頻繁に行われていたが、朝鮮留学生も入学しやすい学校に一時期、籍を置いた後、上位校へと転出したケースが多かったと推測される。また、これらの中学校の朝鮮留学生の同窓会は、民族主義系の留学生団体として警察当局に監視されていた点でも共通していた。京都や広島の中学校にも同様の傾向が見られた。なかでも京都の両洋中学校は「京城」（現在の Seoul）で入試を行い、光州学生運動で退学処分になった朝鮮人学生を多数受け入れていた。その背景には、1929（昭和4）年の世界恐慌に端を発した景気の悪化が、中学校の進学希望者を減少させ、私学が経営難に陥っていたこともある。朝鮮留学生の編入学を認めることにより、学校経営を安定させたことも考えられる。これらの私学のうち、戦後に廃校になった学校があることを考え合わせると、朝鮮留学生の存在が私立学校の存廃に影響を及ぼすこともあったことが認められる。

　〔研究10〕～〔研究15〕は、台湾・朝鮮からの元留学生の学校経験の記録である。インタビューの方法は様々あるが、学校経験を中心に自由に話していただき、話の流れのなかで適宜質問するというかたちを採った。1人につき最低でも2時間、状況が許せば2回、3回と訪問した。許可を得て録音、テープ起こしを行い、「記録」として残したいことを中心に小見出しを付して編集した。編集後の内容は確認・承諾を得て発表している。元留学生から直接、話を聞けた世代として、「記録」を資料として残すことに価値があると考えてきた。こうした記録は、日本政府や両総督府が策定する制度・政策が当時の社会のなかで実際にどのように受け止められていたのかを知る手掛かりとなっている。

2. 留学生研究の課題

　ここでは留学生研究を進める過程で直面してきた課題について述べることとする。

(1) そもそも「留学生」なのか

　日本統治下の台湾や朝鮮から「内地」に進学した人々を留学生と称していいのかという問題がある。当初、議論した結果、「言語や文化を異にする「内地」に進学機会を求め、高等・専門教育機関、あるいは中等教育機関に在籍し学業を続けていた」[3]状態を指して留学、留学生の語を用いることとし現在に至っているが、以下の諸点に考慮が必要である。
　① 台湾・朝鮮は日本の統治下にあったため「留学生」ではない。
　②「在内地台湾・朝鮮学生」には「内地」定住者の子が含まれる。
　③ 元留学生は当時の感覚では「留学」ではなく「進学」だという。
　④ 朝鮮の場合、旧韓国時代からの留学の系譜があり、通史的に捉える
　　 用語として「留学生」が適当である。
　⑤ 行政文書では「台湾朝鮮学生」と「留学生」が混用されている。
　⑥「留学生」と捉えることで見落とされるものはないか。

(2) 統計資料の取扱い上の留意点

　統計資料は先に〈資料2〉でも見たように、調査機関、調査目的によって留学生数が異なることがあるほか、以下のような取扱い上の留意点が挙げられる。
　① 1人の留学生は、在籍年限に応じて複数年度にわたり数えられているため、単純な合算は延べ人数であり実数とはならない。
　② 入学者数、在籍者数、卒業者数は、年度途中の中途退学者、中途転入者の数に影響を受ける。
　③ 1人の留学生が同一年度に2校で数えられることがある。例えば、5月1日現在にはA校、12月末日現在にはB校に在籍していた場合、両校の生徒数に含まれる。
　④ 留学生の身分（本科生、聴講生など）が区別されずに数えられるこ

とがある。A校では本科生のみを在籍者とし、B校では聴講生を含めるなど、基準が統一されていない場合がある。

　また、〔研究3〕でも触れたように、学校別の留学生数を見ようとした場合、1940（昭和15）年度以降のデータが見当たらないほか、中等教育機関（特に地方）については、網羅的な調査が行われていなかった。さらに、台湾に関しては、学校別留学生数を把握できる資料が限られるといった問題がある。

（3）留学生の実態を伝える資料の偏り

　留学生の生活の実態（留学生の日常）を描こうとする際、資料的な制約を受ける。留学生研究で用いられる資料に新聞記事があるが、毎日勤勉な学校生活を送っていただけでは記事にはならない。新聞記事になるのは、反体制的な活動により検挙されるなど注目を浴びるときである。こうした記事のみを繋げていくと一面的な理解に陥ってしまう。一方で、戦時下では体制への協力が賛辞とともに掲載されることがあったが、これもまた然りである。

　中等教育機関の校友会誌等は入手しづらいが、校友会誌や学内の文芸誌には留学生の体育系部活動での活躍が報じられたり、文芸作品が掲載されるなど、留学生の日常を垣間見ることもできる。学校生活、学科の履修、住まい、アルバイト、進路選択、「内地」内の移動、台湾・朝鮮と「内地」の移動など、包括的に捉えていく必要がある。

（4）中等教育機関の台湾・朝鮮留学生

　留学生研究は高等教育機関（大学）や専門教育機関を中心に先行研究の蓄積があるが、中等教育機関について調査を始めると、実業教育機関に留学生の多い「気になる学校」が浮上した。例えば、電機学校は、1939（昭和14）年に台湾人114名、朝鮮人190名が在籍している。岩倉鉄道学校は朝鮮人が多く、1927（昭和2）年117名、1928（昭和3）年142名、1929（昭和4）年148名、1939（昭和14）年152名である。この驚異的な数字は何を意味するのだろうか。総督府の政策や朝鮮の鉄道敷設状況など社会的な動向との関係を調査する必要がある。

(5) 歴史に埋もれた学校の存在

　台湾・朝鮮留学生の存在が私立学校の存廃に影響を及ぼすこともあったと先に述べたが、以下の3校にその可能性がある。〔研究3〕の私立学校を具に検討すれば、他にも閉校した私学の存在が浮かぶかもしれない。

　聖峰（峯）中学校（京都）：戦後、私立聖峰高等学校となり1951年に閉校

　興文中学校（広島）：戦後、私立芸南高等学校となり1975年に閉校

　東海商業学校（愛知）：戦前約10年間（1924〜1935）存在し閉校[4]

結びに代えて

　日本統治下台湾・朝鮮からの留学生の研究に着手したとき、留学生は「台湾、朝鮮における教育と日本における教育、その両方を体験した少数者であり、それ故に両方の問題点も良く見えていた貴重な存在」であり、留学生研究は「台湾、朝鮮における教育・文化の歴史的自己意識とその相対化認識、「内地」日本の近代教育・文化の歴史的検証、そして台湾、朝鮮と日本の「ポストコロニアル」の視座の模索等々」[5]に可能性を開くと考えていた。

　研究を進めてきて、留学生研究は植民地教育史研究と日本教育史研究の狭間に位置し、両者を繋ぐ存在となると考えている。全体像を把握するためには、基礎作業を完成させ、手つかずの領域を開拓し、具体相を積み上げる必要がある。そうした作業の末に、上記の目的に近づけるのではないだろうか。

【註】
1　「留学生」の呼称については、後述の「2.（1）そもそも「留学生」なのか」を参照されたい。
2　台湾人留学生に関する統計には、「本島人内地留学者調」中の「本島人内地留学者専門学校ニ在学セル者ノ学校別人員表」（大正10年9月）および「台湾学生東京在学者数一覧」（昭和14年4月30日）の2点がある（いずれも『日本植民地教育政策史料集成（台湾篇）』第55巻所収）。
3　佐藤由美・渡部宗助「戦前の台湾・朝鮮留学生に関する統計資料について」、『植民地教育体験の記憶』植民地教育史研究年報第7号、2005年、82頁。
4　澤田哲「菊池知学と八事の東海商業学校－クリスチャン教育者はいかに朝鮮

　　からの留学生を受け入れたか−」、『中京大学文学部論叢』第 8 号、2022 年が
　　参考となる。
　5　注 3 に同じ、99 頁。

〈資料 1〉これまでに発表した研究の一覧

分類	研究番号	論文名・資料名	掲載誌	掲載年	頁	備考
Ⅰ	1	戦前の台湾・朝鮮からの留学生年表（稿）	『植民地国家の国語と地理』植民地教育史研究年報 8 号	2006	127-138	渡部宗助と共著
Ⅱ	2	戦前の台湾・朝鮮留学生に関する統計資料について	『植民地教育体験の記憶』植民地教育史研究年報 7 号	2005	82-99	渡部宗助と共著
Ⅲ	3	〈資料 1〉在籍学校別朝鮮・台湾学生生徒数 —1920 年〜 1939 年—（稿）	日本統治下台湾・朝鮮からの「留学生」に関する研究資料：学校別学生・生徒数	2018	1-63	科研報告書（課題番号：26381038）
	4	〈資料 2〉内地（東京 大阪）留学生出身学校別(中等学校以上) 調			64-66	
Ⅳ	5	青山学院と戦前の台湾・朝鮮からの留学生	教育史学会 日本の教育史学 47 集	2004	149-168	
	6	青山学院の台湾・朝鮮留学生に関する記録【1906-1945】	青山学院大学教育学会紀要 教育研究 48 号	2004	13-30	
	7	東京美術学校の朝鮮留学生	大阪経済法科大学 東アジア研究 49 号	2008	37-51	
	8	旧制金川中学校の台湾・朝鮮留学生	アジア教育学会 アジア教育 11 巻	2017	1-13	
	9	大正・昭和戦前期の中等教育機関と朝鮮人「留学生」	専修大学人文科学年報 52 号	2022	109-138	
Ⅴ	10	青山学院の台湾・朝鮮留学生に関する記録【1906-1945】（Ⅱ）	青山学院大学教育学会紀要 教育研究 49 号	2005	13-25	
	11	青山学院の台湾・朝鮮留学生に関する記録【1906-1945】（Ⅲ）	青山学院大学教育学会紀要 教育研究 50 号	2006	55-66	
	12	日本統治下台湾からの工業系留学生—林淵霖氏の場合—	埼玉工業大学人間社会学部紀要 8 号	2010	67-77	
	13	在日コリアン一世の学校経験 —李仁夏氏の場合—	『植民地教育史研究会のこれから』植民地教育史研究年報 10 号	2008	58-73	李省展と共著
	14	在日コリアン一世の学校経験 —呉炳学氏の場合—	『植民地教科書と国定教科書』植民地教育史研究年報 11 号	2009	128-143	李省展と共著
	15	在日コリアン一世の学校経験 —李殷直氏の場合—	『植民地・こども・「新教育」』植民地教育史研究年報 14 号	2012	180-198	李省展・芳賀普子と共著

〈資料2〉朝鮮留学生全体数の資料別変遷

年度	最近朝鮮事情要覧 朝鮮総督府	A 朝鮮教育要覧 総督府内務部学務局	A 在内地朝鮮学生調 総督府内務局学務局	東洋時報 東洋協会	奨学部報 朝鮮教育会奨学部	社会運動の状況 内務省警保局	B 内地在住朝鮮人学生の状況 文部省教学局企画部思想課	C 在本邦清韓国留学生員数表 文部省普通学務局
明治41年度								270
42年度	官費40							323
43年度								
44年度	官費42 私費400ヲ超エ							420
大正元年度	官費50 私費400ヲ超エ		535	453（官43）	279			
2年度	官費49 私費600ヲ超エ		682	約700				?（直轄）＋474（公私立）
3年度	官費49 私費550ヲ超エ		582	582				?（直轄）＋386（公私立）
4年度	官費41 私費550ヲ数ヘ	578（官費41）	607	600有余				54（直轄）＋405（公私立）
5年度	官費38 私費500余名		574	約600				59（直轄）＋417（公私立）
6年度	官費33 私費500余名		658					68（直轄）＋514（公私立）
7年度	官費36 私費500余名	770（官費36）	768	777	445			76（直轄）＋366（公私立）
8年度	官費35 私費600ヲ数ヘ	678（官費34）	678					75（直轄）＋779（公私立）
9年度	1230（官費35）	1230（官費35）	1141	1230	715			119（直轄）＋949（公私立）
10年度	2235（官費40）	2235（官費40）	2235	1629	1118			?（直轄）＋933（公私立）
11年度	3222（給費54）	3222（給費54）	3222	3220	1667			?（直轄）＋1364（公私立）
12年度	992（給費56）	992（給費56）		3900余				?（直轄）＋1505（公私立）
13年度	1530（給費63）	1530	1167					?（直轄）＋1914（公私立）
14年度	2694（給費70）	2694	2694					
昭和元年度	3945（給費80）	3945	3945		3275			
2年度	3861（給費75）	3861	3861		3239			
3年度	3753（給費78）				3753			
4年度	3769（給費80）				3769	4433		
5年度	3793（給費46）				3793	5285		
6年度	3601（給費15）				3601	5062		
7年度	3368（給費9）				3368	4977	4977	

（以下略）

〔出典〕佐藤由美・渡部宗助「戦前の台湾・朝鮮留学生に関する統計資料について」『植民地教育史研究年報』7号　p.91〔表3 朝鮮留学生全体数の資料別変遷 明治41年度～昭和19年度〕の部分

〈資料 3〉 朝鮮教育会奨学部「奨学部報」掲載「在内地朝鮮学生調」

号数	発行年月日	総頁数	所収資料集また[は]所蔵先	備考
一	昭和元年12月現在	18	『日本植民地教育政策史料集成』51 巻 下	＊在学学校別表（昭和元年末現在）
一	昭和2年12月現在	18	『日本植民地教育政策史料集成』51 巻 下	＊在学学校別表（昭和2年末現在）
6	昭和4年6月1日	22	裴姶美『在日朝鮮人留学生史料集』	＊在内地朝鮮学生調　在学学校別表（昭和3年末現在）
12	昭和5年6月15日	20	桃山学院学院史料室	＊在内地朝鮮学生　在学々校別表（昭和4年末現在）
13	昭和5年11月1日	8	裴姶美『在日朝鮮人留学生史料集』	
14	昭和6年1月20日	8	裴姶美『在日朝鮮人留学生史料集』	
15				＊未見
16	昭和6年12月31日	19	裴姶美『在日朝鮮人留学生史料集』	
17	昭和7年5月30日	19	裴姶美『在日朝鮮人留学生史料集』	＊在内地学生調査　在学々校別表（昭和6年12月末現在）
18	昭和7年12月21日	20	裴姶美『在日朝鮮人留学生史料集』	
19	昭和8年5月3日	17	学習院大学東洋文化研究所友邦文庫	＊在内地朝鮮学生生徒学々校別表（昭和7年12月末現在）
20	昭和8年12月15日	17	学習院大学東洋文化研究所友邦文庫	＊在内地朝鮮学生生徒在学々校別表（昭和8年10月1日現在）
21				＊未見
22	昭和9年12月28日	37	学習院大学東洋文化研究所友邦文庫	＊在内地朝鮮学生生徒在学々校別表（昭和9年10月1日現在）
23	昭和10年12月28日	39	学習院大学東洋文化研究所友邦文庫	＊在内地朝鮮学生生徒在学々校別表（昭和10年10月1日現在）
24	昭和12年2月25日	44	学習院大学東洋文化研究所友邦文庫	＊在内地朝鮮学生生徒在学々校別表（昭和11年10月1日現在）
25				＊未見
26				＊未見
27	昭和15年3月15日	41＋1	山口高等商業学校東亜経済研究所の印	＊在内地朝鮮学生生徒在学々校別表（昭和14年10月1日現在）

※昭和16年1月に朝鮮教育会奨学部は朝鮮奨学会となる。奨学部報の最終号は不明。15・21・25・26の各号は未見。

〈資料4〉 朝鮮人留学生が多く在籍した中学校

府県	調査年月／学校名	T9.10 1920	T14.12 1925	S元.末 1926	S2.末 1927	S3.末 1928	S4.末 1929	S6.末 1931	S7.12末 1932	S8.10.1 1933	S9.10.1 1934	S10.10.1 1935	S11.10.1 1936	S14.10.1 1939
東京	順天中学校	2	2	12	15	17	14	27	26	29	28	23	20	26
	名教中学校	2	23	48	41	44	40	19	16	13	12	17	16	32
	大成中学校	5	15	19	13	22	14	27	25	66	80	95	98	110
	錦城中学校	2	7	6	7	11	10	8	23	14	42	124	166	127
京都	聖峰中学（校）			2	7	10	14	19	24	17	19	28	92	72
	両洋中学（校）			4				59	52	107	105	76	102	130
広島	広陵中学校	1		9	7	7	14	18	27	17	11	14	22	46
	興文中学校			5	4	3	9	59	50	136	84	64	62	90
	山陽中学校			3	5	4	3	22	20	12	3	10	7	11

【出典】佐藤由美『日本統治下台湾・朝鮮からの「留学生」に関する研究』（研究9）113頁にも掲載。資料：学校別学生・生徒数」（JSPS26381038）所収の「〈資料1〉在籍学校別朝鮮・台湾学生生徒数―1920年～1939年―（稿）」より抜粋して作成。

〈資料5〉 朝鮮人留学生が多く在籍した実業学校

府県	調査年月／学校名	T9.10 1920	T14.12 1925	S元.末 1926	S2.末 1927	S3.末 1928	S4.末 1929	S6.末 1931	S7.12末 1932	S8.10.1 1933	S9.10.1 1934	S10.10.1 1935	S11.10.1 1936	S14.10.1 1939
東京	東京商工学校	15	24	42	40	68	50	50	14	13	11	31		34
大阪	興国商業学校			2	4	7	10	11	16	18			52	148
愛知	東海商業学校					3	10	32	93	85	50			

【出典】佐藤由美『日本統治下台湾・朝鮮からの「留学生」に関する研究』（研究9）127頁にも掲載。資料：学校別学生・生徒数」（JSPS26381038）所収の「〈資料1〉在籍学校別朝鮮・台湾学生生徒数―1920年～1939年―（稿）」より抜粋して作成。

「満州・満州国」教育史研究の史料紹介

Andrew Hall *

　本稿では、「満州」、「満洲国」における日本統治下の普通教育（初等教育、中等教育）の一次史料を紹介する。特に中国人住民の子供を対象にした教育に焦点を当てる。

　中国東北地方の日本統治下における植民地教育史は、大きく2つに分けられる。

　第1は、租借地である関東州と南満州鉄道株式会社（以下「満鉄」と略記）沿線付属地における植民地教育である。 関東州は1906年創設の関東都督府が統治し、1919年に関東庁に改組された。満鉄は1906年に創設され、満鉄沿線付属地を管理した。1910年に最初の学校を開校した。1937年5月、満鉄の中国人を対象とした学校が「満州国」の管轄下に移された。

　第2は「満州国」である。「満州国」は、1932年3月に関東軍によって創設された傀儡国家で、1945年8月の日本帝国の崩壊とソ連の侵攻まで存続した。教育は、まず1932年3月に創設された民政部によって管理された。その時点では教育を扱う独立の部はなく、文教政策は民政部文教司が担った。1932年7月に文教司は文教部に昇格した。しかし、1937年7月に文教司は官制改革で廃止され、改めて民生部に統合された。文教部は1943年4月に再び発足した。

資料集成

　「満州国」教育史研究会（主なメンバーは槻木瑞生、野村章、駒込武、大森直樹ら）が「満州」における日本統治時代の教育に関する主要な文献を収集し、1990年代に刊行した。まず、『満州帝国文教年鑑第1次〜第4次（1934年、1936年〜1938年)』（エムティ出版、1992年）が挙げられる。野村章と大森直樹による解説が付されている。次に『「満州・満

＊九州大学

州国」教育資料集成』（全23巻、エムティ出版、1993年）が挙げられる。
1907年から1943年までを対象とし、関東州、満鉄、「満州国」の教育行
政官や教育関係者が出版した資料を収める。対象テーマには次のものが
ある。教育行政・政策、教育法規、教育要覧類、地方教育状況調査報告、
学校要覧類、教育内容・方法、社会教育、少数民族教育、留日学生、教
育論、教育通史、統計・年鑑類、欧米人経営学校、抗日教育である。各
巻に解説が付されている。中国で出版された資料集成もある。武強主編
『東北淪陥十四年教育史料』（全3巻、吉林教育出版社、1989〜93年）
と曲鉄華主編『日本侵華殖民教育史料1巻（東北巻)』（人民教育出版社、
2016年）である。

教育雑誌

「満洲」の教育雑誌

　まず関東州と満鉄付属地の教育雑誌について紹介する。「満州」で日本
人が刊行した最初の教育雑誌は、1909年刊行の南満州教育会のものであ
る。1938年の治外法権撤廃や満鉄付属地行政権の返還により、南満州教
育会は在満日本教育会に名称を変更した。南満州教育会、在満日本教育
会は、関東と満鉄における教育官僚や教員で構成された。

　南満州教育会の機関誌は『南満州教育会会報』（1909年〜1921年、1
号〜18号）であるが、管見の限り図書館や資料館に所蔵されていない。
1922年1月から同誌は『南満教育』（1922年〜1937年、20号〜166号）
に改題した。一部が国立国会図書館、拓殖大学図書館、東京大学総合図
書館、北海道大学図書館，国士舘大学図書館、大連市図書館に所蔵され
ている。　1938年の治外法権撤廃や満鉄付属地行政権の返還で、南満州
教育会は在満日本教育会と改名し、『南満教育』も『在満日本教育会報』
（1938年12月〜1940年3月、168号〜182号）に改題された。改題さ
れた同誌は、管見の限り図書館・資料館には所蔵されていない。在満日
本教育会は『在満教育研究』（1942年〜1944年、1号〜9号）も出版し
た。一部が東京大学総合図書館と東洋文庫に所蔵されている。『南満教
育』と『在満教育研究』の一部の号の目次は『教育関係雑誌目次集成：
第4期：国家と教育編：第24巻』（日本図書センター、1994年）として

出版された[1]。

　満鉄付属地で刊行された教育雑誌としては、満鉄教育研究所発行月刊誌『満鉄教育たより』（1934 年 9 月〜 1937 年 11 月、1 号〜 39 号）が挙げられる。　満鉄教育研究所は 1924 年から加盟していた満州教育専門学校の閉鎖後すぐに同誌の刊行を開始し、1937 年 11 月の治外法権終了まで発行した。1992 年に「満洲国」教育史研究会が槻木瑞生の解説付きで復刊した[2]。　南満州教育会、在満日本教育会、満鉄教育研究所の雑誌はいずれも日本語で書かれた。

「満州国」の文教部・民生部の機関誌

　「満州国」の教育指導者が作成した雑誌に次のものがある。「満洲国」文教部に中国語で書かれた機関誌は 2 つあった。『文教月刊』（1 巻 1 期〜 2 巻 6 期、1933 年 6 月〜 1934 年 9 月）と『文教月報』（1935 年 8 月〜 1936 年 7 月、1 〜 12 号）である。いずれも文教政策に関する短い報告を含む。『文教月刊』は、『中華全国図書館文献縮微中心』（1992 年）内のマイクロフィルムとして復刻された。『文教月報』も『中華全国図書館文献縮微中心』に収められ、『偽満洲國期刊匯編』（綫装書局、2008 年）内でも改めて復刻された。

　満州国の文教政策を担った文教司は、1937 年 7 月から 1943 年 4 月まで民生部に統合された。民生部の機関誌『民生』は、1938 年 1 月から 1940 年 11 月に出版され、多くの教育関係の論文を掲載した。一部が大分大学経済学部、東京大学東洋文化研究所、一橋大学図書館、宇都宮大学付属図書館、東北師範大学図書館に所蔵されている[3]。

満洲帝国教育会の機関誌

　満洲帝国教育会は「満洲国」政府と密接な関係があり、半官半民の上意下達の諮問機関であった。執行部を主導したのは政府の教育官僚であった。　満洲帝国教育会は「満語」（中国語）機関誌『満洲教育』（1 巻 1 号〜 5 巻 10 号、1935 年 8 月〜 1939 年 10 月）を発行した。1935 年

から 1936 年まで隔月、1937 年から 1939 年までは月刊で刊行された。同誌は「満系」教員を対象とし、発行人は趙徳健と何広珠であった。記事の執筆者は、おおよそ半分は日系、もう半分は「満系」であった。『満洲教育』は、管見の限り日本の図書館や資料館に所蔵されておらず、中国の国家図書館、東北師範大学図書館に所蔵されている。

　1939 年 11 月から満洲帝国教育会は月刊『建国教育（満文）』および『建国教育（日文）』を発行した。『建国教育（日文）』創刊号は「一巻一号」と記されているが、『建国教育（満文）』には「5 巻 11 号」と記載されている。また『満洲教育』と『建国教育（満文）』の発行人はいずれも何広珠であった。ゆえに『建国教育（満文）』は『満洲教育』の後継誌であると推測できる。同誌の「建国教育（日文）」1 巻 1 号から 6 巻 8 号（1939 年 11 月から 1944 年 8 月）と『建国教育「（満文）』5 巻 11 号から 10 巻 11 号（1939 年 11 月から 1944 年 11 月）の内容は、毎月 1 つか 2 つの記事を除りば、重複が見られない。

　『建国教育（満文）』は中国国家図書館と東北師範大学図書館が所蔵している。1993 年にマイクロフィルムとして出版され、2009 年には複製版が出版された[4]。『建国教育（日文）』は今のところ複製版は作成されておらず、中国と日本の図書館に分散して所蔵されている。中国では国家図書館と東北師範大学、日本では国立教育政策研究所図書館、九州大学附属図書館、宇都宮大学附属図書館、国士舘大学図書館・情報メディアセンター、山口大学附属図書館に所蔵されている。『建国教育』の内容は、「満洲国」教育指導者の教育政策、教育思想、教育理念に関する記事と満洲帝国教育会の活動紹介が中心だった。

　満洲帝国教育会が 1936 年 6 月から 1945 年 2 月まで小学生用『満洲学童』の月刊を出版した。内容はほとんど中国語で書かれた。1939 年 8 月からは、低学年用（国民学校 1 ～ 3 年生）と高学年用（国民学校 4 年生、国民優級学校 1 ～ 2 年生）の 2 種類を毎月発行するようになった。いくつかの号が中国の国家図書館に所蔵されている。

地方教育雑誌

　奉天省教育庁と奉天教育会 が『奉天教育』（1 巻 1 号〜 8 巻 10 号、1933
年 3 月〜 1940 年 12 月）を出版した。地方政府の教育広報、教科書の解
説、教員研修会の記録、教育政策に関する論文、学生の作文などが収録
されている。記事は主に中国語で書かれているが、日本語で書かれたも
のも時代とともに増えている。全巻が筑波大学図書館に所蔵されている。
同誌も『僞滿洲國期刊匯編』（綾裝書局、2008 年）として復刻された[5]。

　「満州・満州国」の地方教育雑誌は複数あったが、関連する重要な情報
はまだ得られていない。 現状では、『間島教育』、『熱河教育』、『承徳教
育』、『克山之教育』、『朝陽教育月報』、『遼陽教育会報』などの存在が確
認できる程度である。

その他

　「満州・満州国」の中等・高等学校が発行する雑誌も複数ある。『南嶺』
（大同学院、1935 年 11 月〜 1941 年 4 月）『拉鳥』『興仁季刊』『誌会女
校』などである。

　満州国語研究会の機関誌『満州国語』が「日本語版」（1 号〜 11 号、
1940 年 5 月〜 1941 年 3 月）と「満語版」（中国語）（1 号〜 8 号、1940
年 5 月〜 1941 年 3 月）として出版された。日本語と「満語」の調査、研
究と普及を題材とした論文が含まれる。2016 年に全巻が出版された[6]。

教科書

　「満州・満州国」の教科書の復刻版はいくつかあるが、この分野では
より多くのことが成される必要がある。最初の復刻版は、主に日本人学
生向けに作られた関東州・満鉄の教科書を対象としたものであり、磯田
一雄、野村章、吉村徳蔵編『復刻満州官製教科書』（全 13 巻、ほるぷ出
版、1989 年）である。加えて、磯田一雄、槻木瑞夫、竹中憲一、金美花

編『在満日本人用教科書集成』（全 10 巻、柏書房、2000 年）も挙げられる。

　主に中国人学生向けに作られた教科書については、2 つのコレクションがある。竹中憲一編『「満州」植民地日本語教科書集成』（全 7 巻、緑蔭書房、2002 年）は、1920 年から 42 年の間に南満州教育会、在満日本教育会、関東庁、関東局、満州国文教部、満州国民生部およびその他の関連団体で発行された中国人用日本語教科書、教師用指導書の復刻版である。また、竹中憲一編『「満州」植民地中国人用教科書集成』（全 8 巻、緑蔭書房、2002 年）は、1921 年から 1934 年まで南満州教育会と在満日本教育会で発行された中国人用修身、国語、歴史、地理、理科、農業、体育、図画、算術、唱歌教科書の復刻版である。

　これらのコレクションに含まれていない満州の教科書も数多くある。個々の教科書の所在を確認するには、次の 2 つの教科書目録が役に立つ。『第二次大戦前・戦時期の日本語教育関係文献目録』（日本語教育史研究会、研究代表者：佐藤秀夫、1993 年）と『日本語教科書目録集成』（前田均編集、2005 年）である。

　満州の教科書をかなり多く所蔵している大学図書館は、成城大学と玉川大学であり、そのコレクションは次の 2 つの目録に収められている。『旧植民地用教科書目録』（成城学園教育研究所研究年報　第 28 集、2006 年）と『玉川大学教育博物館所蔵　外地教科書目録』（研究代表者：宮脇弘幸、2007 年）である。

学校と教員

　満州国の学校の詳細について『外地学校所在一覧　下巻：満州・青島』（科研費補助金研究成果報告書、研究代表者：白柳弘幸、2013 年）は貴重な内容である。満州の日本人教員の　覧には、槻木瑞生「「満州」の教育を創った人々」（『同朋大学紀要』第 3 号、1989 年）がある。

オーラルヒストリー

　「満州国」の中国人教育経験者のオーラルヒストリーの収集に最も力を入れているのは、斉紅深氏を主任とする遼寧省教育史志編纂委員会である。元教師や生徒からオーラルヒストリーを収集してきた。これらのオーラルヒストリーは2つの中国語コレクションとしてまとめられている。『見証：日本侵華殖民教育』（遼海出版社、2005年）と『日本侵華殖民教育口述歴史』（全9巻、天津社会科学院出版社、2017年）である。

　斉紅深氏が集めたオーラルヒストリーの一部を、竹中憲一氏が翻訳したのが、『満州オーラルヒストリー〈奴隷化教育〉に抗して』（皓星社、2004年）である。　また、竹中氏が日本統治下の大連地域で植民地教育を受けた中国人のオーラルヒストリーを収集した成果が、『大連アカシアの学窓・証言 植民地教育に抗して』（明石書店、2003年）にまとめられている。

　大森直樹氏をはじめとする研究者は1990年代に複数のオーラルヒストリーを行った。以下はその一覧である。

・大森直樹、金美花、張亜東「中国人が語る「満洲国」教育の実態─元吉林師道大学学制：王野平氏へのインタビュー記録」『東京学芸大学紀要第1部門教育科学』45号、1994年。
・大森直樹「「満州国」教育体験者の証言─元国民学校生徒・王紹海氏へのインタビュー記録」東京学芸大教育研究室『教育学科研究』13号、1994年。
・大森直樹、犬塚康博「元日本語教師が語る「満州・満州国」教育の実態─山田弥貴氏へのインタビュー記録」『「満州国」教育史研究』2号、1994年。
・大森直樹「満洲国」日系初等教師のライフ・ヒストリー」『東京学芸大学紀要第1部門教育科学』48号、1996年。

日本人の教育関係者の図書、回想録

　「満州国」の教育官僚として司長や室長を務めた人物の図書と回想録を紹介する。

- ・神尾弌春（民生部教育司長、在任 1935 年 3 月～ 1936 年 2 月）
　『まぼろしの満洲国』（日中出版、1983 年）
- ・田村敏雄（民生部教育司長、在任 1938 年 9 月～ 1941 年 3 月）
　『満洲國教育の根本義』（満洲帝國教育會、1939 年）
　『満洲國の本質と教育者の使命. 教育の再認識』（満洲帝國教育會、1939 年）
　『満洲と満洲國』（有斐閣、1941 年）
　『教育國家論』（有斐閣、1941 年）
- ・寺田喜治郎（満洲教育専門学校副学長、在任 1924 年～ 1930 年、満州国民生部（のち文教部）教育司編審官室長、在任 1938 年～ 1944 年）
　『大陸の教壇』（吐風書房、1941 年）
　『反骨九十年—寺田喜治郎の生涯』（私家版、1975 年）

　満鉄の教員訓練機関「満州教育専門学校」には、1924 年から 1933 年の間、「満州」地域および「満州国」の多くの教育官僚と教員が教員や学生として在籍した。学校の OB によって書かれた、満州教育専門学校陵南会編『満州忘じがたし』（陵南会、1972 年）は学校のみならず、「満州」地域と「満州国」の教育史の貴重な記録である。

　上記に関連して、教員の図書、回想録の一覧に、槻木瑞生「在満学校関係者の手記目録　第三回稿」（『同朋大学仏教文化研究所紀要』25 号、2006 年）が挙げられる。

【註】
1　「満州」の教育雑誌の先行研究には次のものがある。梶山雅史、須田将司「都道府県・旧植民地教育会雑誌 所蔵一覧」（『東北大学大学院教育学研究科研究年報』第 54 集第 2 号、2006 年 6 月）、山本一生「「在満日本人」という共同体の創出」（『植民地教育史研究年報』13 号、2010 年）、山本一生「植民地

と新教育」―『南満教育』における新教育の思潮」（『植民地教育史研究年報』14 号、2011 年）、山本一生「満州の子どもを「新教育」で育てる―教育雑誌『南満教育』の文政期を通して」（佐藤広美・岡部芳広 編『日本の植民地教育を問う―植民地教科書には何が描かれていたのか』皓星社、2020 年）、齊藤暁子「関東州と満鉄沿線付属地における公学校「作業科」の導入過程 ―『満鉄教育たより』掲載記事を手がかりとして」（『技術教育学の探究 』第 24 号、2021 年 10 月 ）。

2　「満洲国」教育史研究会『「満洲國」教育資料集成Ⅱ期『満鉄教育たより』全3 巻』（エムティ出版、1992 年）。

3　丸山剛史「「満洲国」民生部編　『民生』誌・解説と目次集」『植民地教育史研究年報』22 号、2019 年。

4　『建国教育（マイクロフィルム）』（中華全国図書館文献縮微中心、1992 年）、『偽満洲國期刊匯編』（綫装書局、2008 年）。

5　武思涵『「奉天教育」研究』東北師範大学修士論文、2016 年。

6　岡田英樹・大久保明男編『『満州国語』―「満州国」の言語編成』 6 巻（金沢文圃閣、2016 年）。

『東京商船大学百年史』（1976年）収録の「満洲国委託生規程」ほか

丸山剛史 *

I

　筆者は「文部省職業教育課と『産業教育』誌」と題して、第二次大戦後日本の技術・職業教育政策に関する基礎的検討を行っている。具体的には、文部省職業教育課が編集していた『産業教育』誌の目次集を作成するとともに、同課文部事務官・教科調査官の著作物を確認・整理している。昨夏、高等学校商船教育担当者について調べていた際、同職員が東京商船大学海務学院教員であったことから海務学院について調べるため『東京商船大学百年史』を読んでいたところ、同書に「満洲国委託生規程」が収録されていることに気づいた[1]。

　東京商船大学の前身・東京高等商船学校では、「満洲国海軍将校若しくは機関将校となるべき者を委託生として本校に収容し、本校生徒と同様に教育する事となり、昭和九年三月規程を制定して」委託生を入学させたという。そして「これらの委託生には本校の課程修了後、海軍関係諸学校に於て軍人として必要な教育が施された」とされる[2]。上記の『百年史』には規程が引用されていたが、規程は『東京高等商船学校一覧』に掲載されており、『一覧』に掲載されたものが『百年史』に収録されることになったと思われる。同規程の法令上の位置づけに関しては調査が進んでいないが、これまで知られてこなかったように思うので、備忘も兼ねて以下に引用しておく[3]。

　　満洲国委託生規程
　　第一条　満洲国政府ノ委託ニ依ル同国人ニシテ本校所定学科ノ席上
　　　　　課程ノ授業ヲ受ケントスル者アルトキハ明治三十四年文部省令第
　　　　　十五号ニ依リ試験ノ上満洲国委託生トシテ之ヲ許可スルコトアル

＊宇都宮大学

　　　ヘシ
　　第二条　満洲国委託生トシテ許可セラルヘキ者ノ資格ハ其都度詮議
　　　ノ上之ヲ決ス
　　第三条　満洲国委託生ニハ各科所定ノ学科目中其ノ一部ヲ除キ学修
　　　セシムルコトヲ得
　　第四条　在学期間ハ三年トス但シ学修ノ都合ニ依リ二年ニ短縮スル
　　　コトヲ得
　　第五条　所定ノ学科ヲ修了シタル者ニハ願ニ依リ証明書ヲ付与ス
　　第六条　満洲国委託生ハ通学トス
　　第七条　学費ハ一切自弁トス
　　第八条　本規程ニ掲クルモノノ外東京高等商船学校規則ハ同第四条
　　　ヲ除キ之ヲ満洲国委託生ニ準用ス

　ところで「満洲国」「委託生」に関しては、故・原正敏会員らが仙台・
名古屋・熊本の3つの高等工業学校に附設された満洲帝国交通部委託土
木技術員養成所が存在していたことを明らかにしている[4]。同養成所で
は「満洲帝国政府」の「土木事業」に従事する技術者の養成を目的とし
ていた。第1期生は1939年に入学していた。したがって、上記の東京高
等商船学校「委託生」は土木技術員養成所に先行する事例である。土木
技術員養成所の場合は満洲帝国交通部委託ということであったが、東京
高等商船学校の場合がどこであったか定かでないが、これまで知られて
こなかったように思うので、取り上げておきたい。

Ⅱ

　また、筆者は原の事実解明を受けて、関連資料の収集に注意を払って
きた。その結果、名古屋高等工業学校に設置された養成所の卒業記念写
真帳（1940年）を古書で入手した（現在は宇都宮大学附属図書館蔵書）。
この機に紹介しておくこととする。古書で入手した名古屋高等工業学校
土木技術員養成所卒業記念写真帳の内表紙には、「名古屋高等工業学校／
満洲帝国委託土木技術員養成所」と機関名が明記されている。
　写真帳のなかには「誓詞」が掲載され、「命令訓諭告達ヲ遵奉シ誠実勤

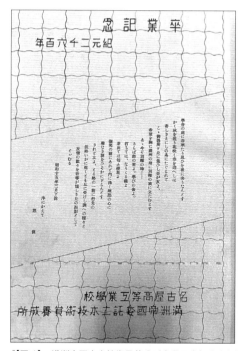

《【図 1】　満洲帝国土木技術員養成所卒業写真帳内表紙》

勉克ク本所生徒タルノ本分ヲ盡スベキハ勿論卒業ノ上ハ満洲国官吏トシテ一意奉公其ノ職責ヲ全フセンコトヲ期待シ玆ニ署名宣誓候也」と記されている。同養成所卒業者は満洲国官吏となることが義務付けられていたことも確認できる。

　写真帳の最終ページには「生徒住所録」が収録され、生徒氏名と住所が掲げられており、25 名の名前と住所が確認できる。住所は愛知県 12 名（うち名古屋市 8 名）、三重県 3 名、岐阜県・福井県各 2 名、新潟県・長野県・静岡県・福井県・兵庫県・山口県各 1 名となっており、愛知県名古屋市を中心としつつも近県から生徒が集まっていたことがわかる。原の検討では言及されていなかった事柄である。引き続き、資料収集・保存に努めたい。

《【図 2】　卒業記念写真帳の一部》

【註】

1　東京商船大学百年史編集委員会編『東京商船大学百年史』東京商船大学百周
　　年記念事業委員会、1976 年、231-232 頁。先行して刊行された『東京商船大
　　学九十年史』（1966 年）は「満洲国委託生」について言及していない。

2　同上、231 頁。

3　『東京高等商船学校一覧　自昭和九年至昭和十年』、1934 年、98-99 頁。

4　隈部智雄・原正敏「戦時下、技術員・技能工養成の諸局面（Ⅶ）―満洲帝国
　　交通部委託土木技術員養成所―」『千葉大学教育学部研究紀要　第 2 部』第
　　42 巻、1994 年。

Ⅴ．旅の記録

学務官僚遭難之碑
——子どもたちと教師の芝山岩——

白柳弘幸＊

史蹟公園の石碑への思惑

　「学務官僚遭難之碑」（以下、遭難之碑とし括弧を外す）〈**写真 1**〉が建つ芝山岩文化史蹟公園へは、台北捷運淡水信義線士林駅または芝山駅下車。士林駅からバスもあるが徒歩で 30 分ほどだ。公園の正面入り口の長い石段を登ると恵濟宮にでる。恵濟宮前の広場からは伊沢修二らが学務部を置いた時に眺めた台北市内の風景が広がる。広場から遭難之碑までは頭上を木々に覆われた木道をさらに 2,3 分ほど歩く。遭難之碑前まではグーグルのストリートビューでもたどり着くことができる。

　初めて訪問したのは 20 数年前、勤務校と姉妹校の校長先生に案内された時のことだ。石壇上の伊藤博文揮毫による高さ３メートルほどの遭難之碑に、赤色スプレーが吹きかけられた跡が生々しく残っていた。しかし石碑の周囲は清掃が行き届き大切に保存されているのだなと思った。この時は他にも回る予定があり恵濟宮と遭難之碑のみを足早に見た。翌年史蹟公園を再訪し遭難之碑の裏手に回ると「故教育者姓名」碑（以下、姓名碑とし括弧を外す）が２基建ち、教員の氏名も読み取れた。ところが、その周辺には打ち砕かれた姓名碑の石片が散在していたのを見、眼を疑った。遭難之碑へのスプレー跡と砕かれた石片から、これらの石碑には様々な思惑があることを予感した。

「学務官僚遭難之碑」建立

　そもそも遭難之碑は何故、建てられたのか。1895（明治 28）年 4 月 17 日、日清戦争終結後の下関条約により、台湾や澎湖諸島などの付属諸島嶼は日本に割譲されわが国の植民地統治下になった。統治開始に伴い、

＊玉川大学学術研究所

伊沢修二は総督府民政局学務部長心得となり教育行政に着手するために渡台した。台北で某国領事館（一般家屋とも言われている）に学務部の看板を掲げた。しかし街中は日本軍と現地の軍や現地の人々との戦闘のため荒廃していた。伊沢らは英語を解する住民から、郊外の士林街八芝蘭は学者が多く住んでいることを知らされ赴いた。小高い丘に登ると荒れてはいたものの恵濟宮という廟があった。ひとりの寺僧と会い、ここに学堂が

〈写真 1〉学務官僚遭難之碑

置かれ当地の子弟が学んでいたことを教えられた。伊沢はこの地こそ、新領土での新しい教育を開始するに相応しいと判断し、学務部の看板を移し代え芝山岩学務部に学堂を開設した。

　数日後、伊沢は士林街の有力者に台湾が日本の版図になり日本の良き民となるために教育が必要であることを説く。そして有力者たちは自らの子弟を芝山岩学堂へ送り、伊沢自らも日本語教授を行った。伊沢は台湾での教育の構想をまとめ、一時帰国した。伊沢の帰国中、1896（明治29）年の元旦、「土匪」が蜂起し楫取道明ら6名の学務部員が殺された。世にいう芝山岩事件の発生であった。「故正五位楫取道明外五名靖国神社へ合祀ノ件上申顛末書」（国史館文献館所蔵）には下記のように書かれている。

　　　右者明治二十九年一月一日在芝蘭一堡八芝林芝山岩民政局学務部
　　……六名ノ者ハ全ク敵ノ包囲中ニ孤立スルコトヽナレリ時ニ彼等思
　　ラク我等身文官タリト雖モ敵中ニ在リテハ総督ノ旨意ヲ伝ヘヲ去
　　リ正ニセシムルハ教職ノ徒トシテ宜ク勉ムベキ所トス今匪徒凶暴ナ
　　リト雖ドモ説クニ正理公道ヲ以テシ論スニ利害得失ヲ以テセバ豈ニ

　帰順ヤザルノ理アランヤ彼等若シ我言ヲ用イズ暴力ヲ以テ迫リ来ラ
バ死ヲ以テ其職責ヲ全センノミ……

　当日の部員の動向については、話せばわかるだろうと考えたが殺され
た、廟にとどまり説得したが聞き入れられず殺された、応戦の末に殺さ
れた、避難の途中に匪徒に遭遇し惨殺されたなど諸説ある。1901（明治
34）年1月末作成の「八芝蘭公学校一覧」の「学校沿革」の記録には「土
匪蜂起シ学務部員六名之ト戦テ死ス」とある。その後の遭難之碑や姓名
碑設置の動静を追ってみる。

　1896（明治29）年7月、事件勃発7ヶ月後に遭難之碑が建立された。1
年後、乃木希典台湾総督により「戦死者ニ準シ靖国神社ヘ合祀」するよ
う拓務大臣宛稟申され受理された。台湾教育会発足後に教育研究誌など
の刊行に加え、石碑の維持管理も担い、毎年2月1日に例祭を行うこと
が決定した。さらに台湾教育会総会にて、「亡教育者合祀」の建議案が採
択され、合祀の対象は戦闘や「匪難」により亡くなった内地人と本島人、
勅令指定の風土病や伝染病で亡くなった内地人とした。十年祭時、台湾
教育に従事した関係者23名を合祀し姓名碑を建立した。1928（昭和3）
年に昭和天皇即位記念事業として芝山岩神社造営を決定し教育者合祀を
するなどし、当地は台湾教育の聖地となった。藤森智子は終戦の年の2
月までの合祀者数は617名と述べている。2002（平成14）年末、中京大
学の台湾総督府文書調査に参加した時「公学校教諭○○○○ハ麻拉里亜
ニ罹リ職ニ堪ヘサル旨ヲ以テ退職願ニ……」「公学校教諭○○○○ハ疾病
ノ為メ内地療養ニ付キ……」など教員を含む公務員たちの文書を多々見
た。亡くならないまでも病魔に冒され、快復せずにいた者も大勢いたこ
とだろう。

　芝山岩事件については戦前、台湾教育会による『芝山巌誌』、戦後にな
り篠原正巳『芝山岩事件の真相』、見上保『台湾教育界における六士先
生の功績』など多くの著作や論考が発表され詳細な検討が行われている。
そうした中、芝山岩事件について、小公学校で用いられた教科書での扱
われ方についてはふれられていないと思われる。台湾の子どもたちは芝
山岩についてどのように教えられたのか、またそれを教えた教師たちに
とって芝山岩はどのようなものであったのだろうか。

子どもたちの芝山岩──士林公学校では

　芝山岩の地元にある士林公学校での芝山岩事件に関する動静を、士林
国民小学所蔵『学校沿革誌』と『学校日誌』からとらえてみたい。士林
国民小学は芝山岩学堂を祖とする台湾最古の初等教育施設（日本の小学
校に相当）である。当校の『学校沿革誌』は開校年から 1903（明治 36）
年のみだが、芝山岩事件については「二十九年一月一日土匪蜂起シ部員
楫取道明外五氏之レト戦テ死ス」と載る。例祭などについては翌年 1 月
2 日記事に「殉難六氏ノ祭典アリ総督以下文武高等官及諸学校生徒郷紳
等参拝スルモノ無慮数百人祭祀畢テ伊沢部長ハ黙涙万解講習員ニ向テ昨
年ノ当時ヲ説ク聴クモノ感激セサルハナシ」とあり、以後 2 月 1 日に祭
典が続いた。

　『学校日誌』は、1943（昭和 18）年 1 月 1 日から、1946（民国 35）年
9 月末までの記録が残されている。昭和 18 年 1 月 31 日に「一、芝山岩
奉仕作業　高等科児童、青年団員、職員六名　二、合祀祭　午後七時
青年団員十名、職員四名奉仕　公会堂ニ教壇、幕、貸□　山子脚ニ道シ
ルベ建テ」。2 月 1 日は「芝山岩祭　一、参拝　四年以下　八時四五分出
発　五六年　九時三〇分　出発　高等科　〇時三〇分出発　二、奉仕
高等科（参拝後後始末）」。そして、午後は奉納相撲が芝山岩土俵、奉納
演芸が街公会堂にて催されている。式典前日には清掃などの奉仕、当日
の参列はもちろんのこと終了後の片付けまで行っている。

　士林公（国民）学校は、参拝に加え多くの重責を負っていた。この当
時、小公学校では四大節などの儀式後、運動会や学芸会が行われることが
多く、翌年もほぼ同様の日程であった。学校での式典の参加前には校長
もしくは担任からの講話が行われた。同校に語り継がれている話は多々
あったことだろう。士林公学校編『郷土読本　わが里』には「一六 芝山
岩」「一七 勇ましい伊沢修二先生」「三二 六氏遭難の前夜」の 3 課が載
り、「六氏先生は土匪のためにおたほれになつたことを思ふと、涙がひと
りでに頬をつたはる」などと事件の一文が掲載されている。

　他校の『学校沿革誌』に残されている「芝山岩祭」についての記録か
ら拾ってみよう。台中州能高郡埔里高等小学校は「芝山岩祭典ニ関シ各

学級ニテ訓話ヲナス　児童健康ニ注意スルコト、シ本月ヲ運動月トス」（大正13年）、花蓮港庁瑞穂公学校は「芝山岩例祭日ニツキ第一時限目遙拝式ヲ行フ六氏先生ノ歌ヲ合唱シ六氏先生ニ関スル訓話ヲナセリ　放課後ヨリ社会奉仕デーヲ行ヒ職員児童総出ニテ部落ノ道路ノ美化作業」（昭和3年）、新竹州竹南宮前国民学校は「芝山岩合祀祭ニツキ訓話」（昭和19年）などとある。「芝山岩祭」は全島小公学校で学校行事化していたことが伺われる。

教科書の中の芝山岩

　台湾人の子どもたちが使用した第三期『公学校用国語読本巻十二』「第十八課　芝山岩」（大正15年から使用）、第四期『公学校用国語読本巻十二』「第十五課　芝山岩」（昭和17年から使用）には、芝山岩神社参拝について児童作文の形で掲載されている。2課ともに恵濟宮内の陳列室に部員の遺品や伊沢らの居室が保存されていることなどにふれ、「六氏先生の霊がこの下にしづまりますかと思ふと、何とも言へない心もちがする」（第三期）、「六氏先生の犠牲献身の行は、ながく台湾教育の根本精神となつて、今日の台湾を造り出すもとになつた」（第四期）などと厳かに語られている。

　第五期『国語読本』では取り上げられなかったが、同時期の第三期修身『初等科修身三』（昭和19年から使用）「十八　芝山岩」では「その後台湾に奉職された先生方は、皆六氏先生を手本にして身命をささげて台湾の教育のためにつくされました」などと載る。『教師用書』本課の要旨は「六氏先生が台湾教育のために殉じた顛末を知らしめ、六氏先生の殉国の精神をうけついで、君国のために盡くすべきであることを指導するを本課の要旨とする」とある。また指導要項では、事件の歴史経過などにふれ「六　六氏先生の殉難が台湾の教育界に大きな影響を与へたこと」「七　六氏先生の精神を受けついで君国のために盡くすべきこと」などが、さらに指導要領として「六氏先生の殉国の精神は、これを芝山岩精神と称し、本島教育者の伝統精神としている。師範学校修身書にもこの事実を載せて全国の教師にもこの精神を鼓吹している。台湾の国民学校は、この意気込みをもつて教育が行はなければならない」と教師にも

「殉国の精神」の覚悟を求めている。

　国定教科書には「芝山岩」の課はなく、台北師範学校附属小学校正榕会の公民教育指導資料『教授提要』に6年19課「芝山岩」が載る。要旨には「教育の発祥地としての理解を与へ児童の奮起を促す」とし、指導要項として「1芝山岩とは　2六氏先生遭難　3台湾の教育　4吾人の覚悟」があがる。児童向けの読物としての刊行物があったと予想するが見いだせていない。

　先の『初等科修身三』は5年生用だが、全編にわたり子どもたちに「君国のために盡くす」ことを勧めている。これこそがこの時期の修身書であった。台湾国民学校期の修身科教材は日中戦争から太平洋戦争へと戦局が拡大し皇民化教育が著しい時でもあり、本課に限らず、「君国のために盡くす」ことを真正面に据えて説いている。それは国定修身教科書も同様であった。『初等科修身三　教師用書』では男子児童は軍夫に、女児は看護婦になることを勧め、普通の家の子どもも「国のために殉ず」れば軍神になれると説いている。「国のために殉ずる」ことを教えられた男児たちは陸軍士官学校、海軍兵学校、予科練に志願した。日本人子弟が大勢学んだ台北市第一中学校最後の卒業生である、第40期生200名のうち約50名はそうした学校に進学した。

　国民学校期に発行された『台湾における国民学校の経営』では「六士先生の態度はあふれる如き忠君愛国の精神によつて一貫されてゐたことは申すまでもないこと」と述べ「国民学校教師は学校と共に打死にする決意を要する……一切を教育報国の為に捧げる決意をもたねばならない」と教師へも「国のために殉ずる」ことを求めた。六氏先生を六士先生とし、教師を武士になぞらえ殉国精神を求めた。芝山岩を題目とした教材は台湾の全児童と教員に大変重い要求をした。いや要求ではなく強要、強制であった。

終わりに

　1945（昭和20）年8月15日、終戦。一部の留用者を除きほとんどの日本人は引き揚げ、中国大陸での内戦に敗れた国民党が台湾に逃れ、総督府に代わって政治を担った。遭難之碑や姓名碑は倒され放置された。1958

（昭和 33）年に「芝山岩事件碑記」が建てられ、義民が蜂起して学務部員を殺害したと書かれている。後に遭難之碑や姓名碑は再建され、恵済宮の僧侶や士林国民小同窓生によって六氏先生の墓も整備された。

　『台湾学通訊』「芝山岩」（2007 年 6 月、国立台湾図書館発行）では「……是「土匪」或是「義民」？依個人立場不同、難有定論。但可以確定的是、統治者對於歷史事件的詮釋往往取決於政權利益、而非歷史真相」。学務部員を殺害した彼らは「匪賊」なのか「義民」なのか。立場によって、はっきりしたことは言えない。確かなことは、支配者の歴史的出来事の解釈は、歴史の真実よりもむしろ政治的利害に基づいている、というような意味だ。政権交代が多々ある台湾内の事情を考慮していることがわかる。事件を引き起こした者たちは支配した側からは土匪となり、支配された側からは義民となる。事件は植民地支配への抗日という見解だけではなく、地元では単なる強盗や物盗り、日本人に掛けられた賞金ねらいだったとの記録も残るとのことだ。歴史の真実は今も不明のままなので、砕かれた石片も今も放置されたままである。

　遭難之碑ひとつからも歴史解釈の難しさを知らされる。そのためにも私たち日本植民地教育史研究会はアジアの人々から信を得られる研究、そして発信を重ねなくてはならない。

【参考文献】
台湾教育会『芝山巌誌』、1933（昭和 8）年。
篠原正巳『芝山巌事件の真相』和鳴会、2001（平成 13）年。
藤森智子「日本統治下台湾の「芝山巌」合祀の基礎的研究」『明治期日本の異文化受容とその展開』（学内研究発表誌）、2017（平成 29）年。
士林国民小学所蔵『学校沿革誌』『学校日誌』（両者とも学校文書）。
士林公学校編『郷土読本　わが里』、1935（昭和 10）年。
木原義行・佐藤源治『台湾における国民学校の経営』台北新高堂書店、1942（昭和 17）年。
台湾総督府発行『公学校用国語読本巻十二』『初等科修身三』など。
白柳弘幸「公学校修身書における軍事教材」『植民地教育史研究年報』第 7 号、皓星社、2005（平成 17）年。

バンコク、延辺、ジャカルタの風に吹かれて
——歴史を思索する旅——

田中 寛*

はじめに

　ようやくコロナが収束しかけた感もあるなか、4 年ぶりに海外に出た。収束しかけたという表現は主観的ではあるが、僅かに空いた「谷間」、「分岐点」、「分水嶺」といった心境でもあった。つまり、未だに新型ウイルス感染症の発生源、感染経路が究明できない以上は、いつまた変異種が発生するか、予断を許さないからである。

　国際情勢の変動もこれと軌を一にしたかのような「分断と対立」が進み、そのなかで生きる人達も精神的な「分断と対立」を強いられ、いかに周囲との「共生共存」「協調」を築くかという混迷の時代でもある。小文はこうした背景からタイを皮切りに旅をした筆者自身の旅の記録である。まず時系列的にタイの旅からはじめよう。

バンコク、プラチュアップへの旅—— 2023 年 1 月

　2023 年の 1 月にタイ、バンコクを訪れた。かつて日本語教育に従事した機関（泰日経済技術振興協会）の設立 50 年記念式典の参加が目的で、旧知の人たちとの親交をあたためた。私事にわたるが、筆者は 1970 年代の日本資本主義が高度経済成長の波に乗って怒涛のように東南アジアに進出した時代、日本語教師として当地で青春を過ごした。具体的な職務としては日本の技術移転、品質管理などの日本式経営の普及であった。日本語教育はその進展をいくらかでも円滑に推進するための手段であったが、現地の人々との交流を模索する一方で、個人的には「自立への志向」を見出そうという日々であった。日本語教育の普及はいってみれば、資本主義構造の歯車の 1 つではあったが、筆者は内面的にはむしろそれ

＊大東文化大学名誉教授

に反発する土壌を生成する葛藤の連続でもあった。この滞在期における、異言語、異文化接触の体験は、その後の人生に大きな影響を与えたことはいうまでもない。記念式典はこれまでの経緯を回顧し、未来を展望する有意義な催しとなった[1]。

　バンコクでの式典のあと、南部へ旅をした。2日間の旅である。南部といってもバンコクから300キロ南下した風光明媚な海岸、プラチュアップキーリーカン県。南バスターミナルから早朝、通称"ロッ・トゥー"というトヨタのハイエースを改造した小型バスに乗り込んだ。鉄道や高速バスという移動手段もあったが、筆者にはこれに揺られていくのが旅の醍醐味の1つだ。途中で乗ってくる人、降りていく人たちの観察もまた楽しみでもあった。所要時間4時間、終点のバスセンターから一直線に歩けば美しいプラチュアップの海である。

　最近はバーンセーン、パタヤ、あるいはホアヒンといったかつての避暑地、観光地よりもこのプラチュアップ、さらに南下したチュムポーンのほうに人気がある。これまで何度もここを訪れたことがあった。

　初日は当地の名勝のカオチョンクラチョックに登る。400段ほどの石段を登ると丘に鎮座するワットタムミカラムウォラウィハーン寺院がある。県のランドマーク的な景勝地で眺望はタイでも屈指とも称される。爽快な風に吹かれていると浮き世を忘れてしまうほどだ。ブーゲンビリヤの花が風に散ってゆく。やがて市内に投宿先を求めて、当地に1軒しかない日本料理店「富士山」で疲れを癒す。明日訪問する戦争博物館、そして最近整備された日本軍司令部跡の場所を店主に教えてもらう。

　コロナ禍の時代になって、空軍基地内にある歴史博物館は以前のように自由に見学できなくなっていた。徒歩でのアプローチはできず、車を利用してさらにパスポートを預けなければならない。それでも再訪したかったのは、2011年に訪問した際に見た記念碑の保護が気になっていたからだ。ようやくたどり着くと石碑はかなり劣化していた。日本軍のマレー作戦によるタイ上陸は7か所あり、その1つがここだ[2]。記念館では当時の戦闘を再現した動画が上映されていた。日本人は忘れても当地の人々には永遠の記憶として刻まれている。見学後は近年整備された旧日本軍司令部跡の寺院を見学したが、戦争遺跡を博物館とともに、当地の観光目玉、町おこしにしようとの意気込みが感じられた。

　ふたたび、バンコクに帰投し、当地在住の日タイ交渉史研究の北村武士氏、在タイ30年の日本語教師金沢千吉氏とともに、王宮近くに残るバンコク日本語学校跡地を見学した。以前は銀行が所有していたのを近年、カフェに改造した模様である。2階に登って休憩し、2階のバルコニーから市内を眺望した。ここから日本文化、日本語を発信していたのか、とかつての歴史を回顧すれば感慨無量の気分になった。

日本軍とタイ国軍停戦和平調停の碑

王宮近くのバンコク日本語学校跡地

　　　　　プラチュアップの風に吹かれ　上陸の調停不戦の碑に平和を思う
　　　　　メナム河をクルーズ船で愛でる日に　青春時代の我と対面す
　　　　　久闊をわかつ日は生きていればこそ　苦楽を共の戦友の明日を祈る

ハルビン、延辺への旅——2023年8月

　中国渡航にかかるビザ申請は渡航2か月前から準備を始めたが、予想以上の困難を極めた。コロナ以前は二週間以内の短期の滞在であれば、ノービザで入れたのが、たとえ数日でもビザが必要になったからである。まるで文革の時代に逆行したかのような中国への「越境」はふたたび「近くて遠い国」の再来を思わせた。ビザは関係者からの招聘状を出してもらう学術訪問で対応することにした。

　中国東北部にある個性的な大学として吉林省延吉市にある延辺大学がある。延吉市を中心とする地域は朝鮮族自治州として知られ、中国、朝鮮の文化が併存する空間である。大学には外国語学院日本語学科があり、そこには筆者の教え子が学科主任として勤めている。かれこれ8年前に大東文化大学で学位を取得して、今では准教授として活躍している。

　この大学では2年に1度、中国と日本、韓国と北朝鮮の4カ国による学術シンポジウムが開催されてきたが、今回のシンポジウムは4年ぶりに2023年8月13日から15日まで開催された。全体テーマは「異文化背景における中日人文交流及び地域研究シンポジウム」というもので、主催は延辺大学外国語学院、延辺大学外国語言文学一流学科、延辺大学日本研究センター、後援は外語教学与研究出版社、国際交流基金北京日本文化センター、東アジア日本学術研究学会であった。今回は韓国と北朝鮮の参加はなく、またコロナ禍の影響なのか参加者も少なく規模も縮小しての開催であった[3]。前回、韓国の愛国詩人尹東柱を故郷、龍井に訪ねた旅も今回は実現しなかった。

　今回は文化、文学、言語、教育の4領域の分科会が組まれ、それぞれ有意義な研究発表が行われた。教育については植民地教育史に期待が寄せられたが、語学・言語教育が主体で歴史教育は皆無であった。前回、2019年夏に植民地教育史研究会会員の宮脇弘幸氏とともに参加した際には、いくつかの教育史的な発表が見られたが、今回は文化、文学の分科会に次のような題目の発表が目に留まったのみであった。発表題目、及び発表者氏名、所属は記載のままとした。

　・「偽満洲国」期における食糧生産と流通について　朴敬玉(帝京大学)
　・旧「満州」地域と「移動」—朝鮮北部に於ける火田民について

韓梨恵（千葉大学大学院公共学府：院生）
・歴史認識問題の国際化と東アジアの和解　　　許寿童（三亜学院）
・林房雄 " 満洲 " 題材文学中的 " 理想国 " 幻像
李雁南（華南師範大学）
・福田清人が作った「満洲農業移民」物語　　　高燕文（曲阜師範大学）

　このシンポジウムの特徴はさまざまな領域の発表がなされ、人文科学、社会科学の相互乗り入れが期待される点である。アメリカの学会ではしばしば異種格闘技のように、まったく異なる領域の学会が併設して開催され、相互の親睦交流がはかられるという機会が少なくないといわれるが、このシンポジウムの意義もそこにあるような気がする。研究者の視野狭窄に陥らないための学際的、国際的な交流の場として、２年に１度の開催がこれからも続くことを期待している。

　ハルビンでは松花江北辺で開発が進む文教地区に黒龍江外国語学院という私設の大学を訪問した。ここには数年前から「侵華日軍第七三一部隊史実記録与伝播」と題した展示が公開されていたからである。訪問の際は平房にある「侵華日軍第七三一部隊罪証陳列館」の館長金成民氏が副校長と共に出迎えてくれた。展示は〈戦争—記憶—和平〉と大きな文字が描かれ、罪証陳列館に収められなかった貴重な資料が展示、保存されている。遺跡の整備とともに、記憶を記録としてどう生かすのか、工夫がもとめられている。せっかくの貴重な資料を生かさなければ歴史は忘却される。同時に若い世代間の交流、対話が必要である。多くの「良心的」な歴史研究者は歴史の暗渠を深堀りするあまり、憎悪の連鎖、増幅に加担してはならない。戦争の新たな火種とならぬように、そこから感情「中和」への努力を続けなければ、研究は半ばに終わることを肝に銘じるべきだろう。

ハルビン・黒龍江外国語学院国際平和資料館

中国吉林省延辺大学での国際シンポジウムに参加

松花江の岸辺にたたずみ見晴るかす　歴史の暗渠は今も埋もれて
平房に屹立する罪証記念館　七三一の過去を今につたえる
延辺にて朝鮮語の挨拶を聞きながら　ユーラシア悠久の時を想う

ジャカルタへの旅──2023年9月

　たとえ短期間でも東南アジアの大国、インドネシアを訪れてみたい。漠然とそう思い続けてきた。不思議なものだが、思い続けていればいつか機会は訪れるものだ。

　ふとしたきっかけでインドネシアのジャカルタに短期滞在することになった。目的は、当地の教育機関でおこなわれている日本語教育の視察、および助言を与えるというものである。長年の知人からの紹介で、これまで半世紀近く日本語教育に携わってきたので、大学を停年退職した身には格好のお手伝いということで食指が動いた。インドネシア全土に20数カ所の初等教育から初中等教育の施設を持つ財団の招へいで、9月初旬から中旬にかけて2週間当地を訪れた。中学校では数少ない日本語教育を実施している機関といわれる。

　出発の日が近づくにつれ気分が高揚した。というのも、20代の頃、勇んで東南アジアのタイに出向した青春時代がよみがえったのである。当時のバンコクはジャカルタとともに反日運動の拠点でもあった。また、かつて私が日本語教育の道に進んだ頃、多くのインドネシアから来日した技術研修生に日本語集中教育を担当したことも思い起こされた。

　ここ数年は中国の進出がめざましく、日本の影は薄くなっている印象がある。日本製品よりは中国製品が席巻している感がある。経済市場のみならず、政治的な関係にも覇権は浸透しつつある。そこに日本の存在感、国際的役割をどう打ち出していくべきか。インドネシアは東南アジアの大国である。若い世代の中から、将来の日本との友好交流を担う人材が生まれることが大いに期待されている。今回の訪問は、そのためのほんのささやかな「種まき」であった。

　ここがアジアだ。率直にそう思った。これまでいくつかのアジアの国々を歩きながら。もっともアジアが「濃い」国であった。人々の暮らしの活力が何よりもそれを証明していた。

　毎朝早朝、小1時間ほど、自主的に街路の清掃を続けた。タバコの吸い殻、プラゴミなどの生活ごみの収集である。与えられた仕事ではなかったが、私は1人の日本人としての義を示したかった。彼らの日本への思いに、私なりに応えてみたかったのである。

　忘れてはならない歴史がある。かつてインドネシアは「蘭印」、すなわちオランダ領インドネシアと称されていたが、太平洋戦争が勃発するや、日本軍は南方進駐を大々的に推し進めた。豊かな資源に目を付けたのである。大東亜共栄圏の構想の下、日本語普及教育が進められ、各地に日本語学校が設立された。インドネシア現代史研究の権威、倉沢愛子氏（慶応大学名誉教授）によれば、当時南方と言われた軍政下ではインドネシアで最も組織的な日本語教育が行われたとされる[4]。そして多くのインドネシア人が泰緬鉄道をはじめ過酷な労働に使役され、「ロームシャ」という日本語はインドネシア語にもなった。私は市内中心地にあるムルデカ広場にそびえる独立記念塔（通称"モナス"）を訪れ、その地下博物館に展示されたロームシャのジオラマ模型に黙祷し、ガイドをしてくれた財団関係者に一日本人として謝罪の意を伝えた。

　アジアを知るには自らの足と視線が欠かせない。とくに軍政下にあったインドネシアを訪れたことは、筆者のアジア認識をさらに深化させた。世界最大2億3千万人のムスリムを擁するイスラム社会では「共生」と「融和」が基調となっていることをあらためて想起させられた。私たちはインドネシアの活力から多くを学ぶ必要がある。

　国際交流基金が実施した日本語教育機関調査によれば、インドネシアの日本語学習者数は東南アジアではタイに次ぐが、実質的な学習者数はさらに多いともいわれる。日本語能力検定試験の実施に当たってはもう少し会場を増やしてほしいとの要望もある。日本への期待の高さがうかがわれる。インドネシア人の日本、日本文化、日本人への理解の深まりは、まず言語への関心から始まる。また、この度の滞在は南方徴用作家研究に生涯をささげた故木村一信先生に再会する旅でもあった。

　若い世代に接して、久しぶりに日本語を教える原点に戻ったようである。それはまたこれまでの私の生きてきた軌跡の集大成のようでもあった。2週間の滞在では「息子」、「娘」のような職員、また「孫」のような年齢の少年少女に接し、その屈託のない明るさに圧倒された。こういう純朴な人達に日本語、日本文化を教えていた時代があったことを改めて想起した。過去の遺産をこえて、信頼できるパートナーの構築にむけて、これからも微力ながら彼らとの友誼をはぐくんでいきたい。

オランダ植民地時代の遺構ファタヒラ広場にて

独立記念塔（通称モナス）1 階のジオラマ展示：「ロームシャ」

満面の微笑を絶やさぬ住民に　スラマッパギと一礼をおくる

蘭印の往時をしのぶ吾もまた　日本語を教える「宣撫員」なり

黙々と街路のごみを拾いし我は　日本人としての義をたてんと欲す

旅の終わりに

　旅は想像をかきたてる。そして、その体験は思索、創造の源泉となる。思い起こせば、筆者の最初の海外放浪の旅は 26 歳の夏、重いリュックをかついで旧南洋群島、ミクロネシアのパラオ、トラック、ポナペを旅したことが始まりである。日本人の海外への雄飛は北の生命線である満洲、南の生命線は南洋群島の 2 つの志向があった。その後、筆者は北の辺境へも足を延ばし、そして南の島嶼へも足を運んだ。筆者の学究（そう呼べるものがあるとすれば）は、こうした旅に触発・啓発され、まがりなりにも歩いてきた軌跡であった。

　旅は浪漫をかきたてる。見知らぬ土地での人々との出会い、ふれあい、埋もれた歴史文化の発見がある。そして旅の終わりには新しい知見、生きる希望が湧いてくる。とくに植民地教育史研究を目指す者としては、当地での人々との心の交流がかかせない。今後もできるかぎり現場を歩くことで、思索を続けたい。

【註】
1　筆者のタイ滞在の記録については、『青春の絆、永遠の橋―タイからの私の歩み―』（亜細亜総合企画工房、2023 年）にやや詳しく記した。
2　日本軍の上陸地点はバンコク近郊の Samut Prakan（サムットプラカン）とタイ南部の Pattani（パッタニー）、Songkhla（ソンクラー）、Nakhonsi Thammarat（ナコンシータッマラート）、Surat Thani（スラータニー）、Chumphon（チュムポーン），ソシテ Prachuap KhiriKhan（プラチュアップキーリーカン）の 6 カ所（県）である。
3　このシンポジウムの概要については下記報告を参照。田中寛「北東アジアにおける多文化多言語共生の課題―延辺大学国際シンポジウムに参加して―」、『東方』第 469 号、東方書店 2020 年 3 月。
4　軍政期インドネシアにおける日本語普及教育については以下のような研究報告を行った。当時の日本語教育の実態研究はこれまで本格的には着手されていない。「日本軍政期インドネシアにおける日本語普及教育―『ジャワ新聞』掲載記事などを中心に―」（日本植民地教育史研究会例会 2023 年 11 月 12 日発表、於東洋大学）

彙報

　2023年1月から2023年12月までの本研究会の活動を報告する（文中敬称略）。

（1）組織・運営体制

　本研究会には、会則7条によって本『年報』奥付に記載の役員が置かれている。運営委員の任期は3年、『年報』編集委員の任期は2年である（第9条）。今期は編集委員の入れ替わりがあった。

　代表：岡部芳広
　運営委員
　○通信部：（議事録・通信）北川知子・滝澤佳奈枝・合津美穂
　○研究部：（年次研究テーマ・定例研究会・国際交流等）宇賀神一・佐藤広美
　事務局長：（総務・渉外・各部との連絡調整）山本一生
　事務局員：（WEB（ブログ）担当）清水知子／（研究業績作成）白恩正／（会計）北島順子／（会計代理）松岡昌和／（会計監査）大石茜・黒川直美
　○年報編集委員会：（編集長）小林茂子（副編集長）藤森智子（委員）井上薫・冨田哲・清水知子・大石茜（査読原稿投稿のため途中退任）・Ulrich Flick・丸山剛史

　本年度の主な活動は以下の通りである。
　1）研究大会・総会
　　第26回研究大会は、2023年3月12日（日）にシンポジウムと自由研究発表をオンラインで開催することとなった。シンポジウムのテーマについては、運営委員会で検討され、「植民地と修身教育―台湾・朝鮮・満洲を中心に―」に決定し、趣旨説明は岡部芳広会員が担当することとなった。満洲は王雯雯会員、朝鮮は山下達也会員、台湾は白柳弘幸会員が担当することとなった。総会は当日オンラインでの審議とメールでの開催となり、2023年度活動案と予算案、新規編集委員が可決された。

2）運営委員会（研究大会準備等）

① 2023 年 2 月 14 日（火）オンラインでの開催（研究大会準備等）

② 2023 年 11 月 2 日（木）オンラインでの開催（第 50 回例会開催準備等）

3）研究部（研究例会を 2 回開催、企画、運営）

① 2023 年 6 月 24 日（土）対面（東洋大学）／オンライン

② 2023 年 11 月 12 日（日）対面（東洋大学）／オンライン

4）編集委員会

・2023 年 7 月 2 日（日）第 26 号編集計画の検討（オンライン・ミーティング）

・そのほか、投稿の申し込み確認、原稿の依頼と校正、査読原稿の確認と直読者の決定、査読原稿の掲載可否決定など、編集作業は電子メールで連絡を取り合い、編集委員全員の合意のもと、作業を進めていった。

5）事務局

事務連絡、会員入退会処理、会計、Web サイト管理等を行った。

（2）第 27 回研究大会の準備

　第 27 回研究大会は、2024 年 3 月 16 日（土）に東洋大学白山キャンパス及びオンラインにて行うこととなった。シンポジウムのテーマについては、運営委員会で検討され、「「満洲・満洲国」教育の解明の「固有性」とは何か」に決定し、趣旨説明は佐藤広美会員が担当することとなった。

（3）年報『植民地教育史研究年報』の発行

　第 26 号が皓星社から 2024 年 3 月 31 日付で刊行される予定である。特集は「植民地と修身教育―朝鮮・台湾を中心に―」である。この他、研究論文 1 本、書評 3 本、資料紹介 3 本、旅の記録 2 本、彙報で構成した。

（4）「研究会通信」の発行

　研究会通信「植民地教育史研究」は、第 71 号（2023 年 2 月 14 日付）、第 72 号（2023 年 5 月 27 日付）、第 73 号（2023 年 10 月 21 日付）の 3 号が発行された。

　第 71 号では第 26 回研究大会の開催など、第 72 号では第 26 回研究大会の振り返りと第 49 回定例研究会の案内など、第 73 号では第 50 回定例研究会の案内などが掲載された。

（5）定例研究会

　定例研究会の日程、発表等については以下の通り。

　【1】第 49 回定例研究会
　2023 年 6 月 24 日（土）東洋大学およびオンライン
　『年報』第 25 号特集「植民地教科書と『アジア民衆像』」検討会
　　　コーディネーター：佐藤広美会員（東京家政学院大学名誉教授）
　　　報告者：井上薫会員（釧路短期大学）、宇賀神一会員（西九州大学）
　執筆者の返答・全体の質疑応答
　自由報告
　王詩淇会員（九州大学大学院生）：「『満洲国』『在満朝鮮人』初等学校の日本語教科書に描かれた日本・日本人像—漢民族初等学校との比較を視点に—」
　魏吉菲会員（お茶の水女子大学大学院生）：「日中戦争期中国華北占領地の学校における学芸会」

　【2】第 50 回定例研究会
　2023 年 11 月 12 日（日）東洋大学およびオンライン
　①田中寛会員（大東文化大学名誉教授）：
　「日本軍政期インドネシアにおける日本語教育—「ジャワ新聞」掲載記事を中心に—」

（6）出版企画

　『植民地教育史ブックレット』については、続刊を編集中である。

（7）その他

　運営委員会及び年報編集委員相互の日常の諸連絡や検討事項については、それぞれのメーリングリストおよび ZOOM でのオンラインによって行われている。

（事務局長　山本一生）

154

編集後記

担当したが間に合わなかった書評がある（陳謝）。選ばれた各随筆や調査記は、当時の「朝鮮」を肌で感じた"印象"を伝えてくれる。写真だけでは読み取れない感覚、雰囲気や躍動感、時に侮蔑的なあるいは称賛するような受けとめも感じ取れる。日本人という「異邦人」の目で見えるもの、生活感覚の違いから「見えやすい」のはその通りだろう。しかし、問題関心を持ってこそ「見える」こと、当地・当時の関係事情を知らなければ見えないこと、誤解することもある。これは"今"の時代を見る私たちにも試されていることであると感じた。

（井上薫）

新米編集長のもと、編集委員のみなさんのご協力により、なんとか刊行一歩手前までたどり着けました。ありがとうございました。編集作業は、先の見通しが持てないなか、前編集長のやり方を見よう見まねで進めていきました。その間、小さい雑誌ながら、一つの刊行物として、値段をつけ市場に出すことの重みをひしひしと感じながらの作業でした。顔の見えないなかでの編集作業のやり取りは、思いのほか不安が募るものでしたが、前編集長・丸山先生はじめ、編集委員のみなさんの誠実な対応に支えられてきました。今、この時代に「植民地教育史研究」の成果を世に問うことの意義と責任を改めて噛みしめています。会員のみなさま、読者の方々からご意見などいただけましたら、ありがたいと思います。

（小林茂子）

新任委員として初めて年報編集に携わりました。原稿の依頼から校正までのやりとり、全体を見渡した調整と、段階を踏むたびに、司令塔となる編集長の目配りぶりに感じ入りました。また、編集委員以外の査読メンバーの協力も仰ぎ、真摯な作業を重ねて刊行されていることを知り、当研究会に誇りを覚えました。日本の立ち位置に不安を覚える今、過

去に学ぶという視点を持つ当誌を、より多くの人に届けることができればと思います。

（清水知子）

たしか年報が創刊されてまもないころに植民地教育史研究会に入会しましたが、編集作業にたずさわるのは今回が初めてです。編集委員長の小林先生をはじめ、委員の先生方のご尽力や会員各位からの投稿を見ながら、これまで年報編集への何らの貢献もできなかったことを恥じるとともに、26年にわたって刊行され続けてきたことの重みをあらためて感じています。歴史研究者のはしくれとして、私たちが普段利用している史料と同様、いずれこの年報そのものが「歴史」となり、分析の俎上にのせられるであろうことを意識しつつ、作業にあたっていかなければならないと思っています。

（冨田哲）

編集にはたくさんの作業があり、編集長はじめ委員の緊密な連携のもとに年報が作られていることを改めて実感した。一年を振り返ると、国際情勢は排外性を増しているように見え、ウクライナやイスラエルでの紛争は収拾する様子がない。歴史に照らして今を考え未来を見据えることが必要だと感じる。

（藤森智子）

日本植民地教育史研究会に入会したのは大学院の頃ですが、編集委員として年報の編集作業に携わるのは初めてです。この度編集者側の立場にたちながらも、出版物の刊行の裏にある作業の大変さを改めて実感できたと思います。初めて最初の段階からその作業にかかわることにより、いろいろ勉強になりました。あまり役に立つができなかったでしょうけれども、日本の近現代史の中、植民地教育の歴史が特別な位置を占めていると考えており、その歴史を記録する、そしてその知識を普及させるという重要な役割を担っている本

年報に今後より大きな貢献ができたらと思います。　　　　　　（フリック　ウルリッヒ）

　今号は、新たな編集委員会体制で編集が行われました。今号の編集には一編集委員として参加しましたが、依頼したにもかかわらず入稿まで持ち込めなかった原稿、途中で辞退された原稿もあり、一冊にまとめて、年報を世に送り出すことの大変さを改めて痛感しました。引き続き、新たな執筆者の発掘と内容の充実に貢献できるようにしたいと思います。小林編集委員長、お疲れ様でした。　　　　　　　（丸山剛史）

英文校閲・CONTENTS作成　Andrew Hall

著者紹介
（掲載順）

新保敦子
早稲田大学教育・総合科学学術院教授。『日本占領下の中国ムスリム―華北および蒙疆における民族政策と女子教育―』（単著、早稲田大学出版部、2018 年）、Ethnic minorities in China under Japanese occupation: the Muslim campaign and education during the Second Sino-Japanese War, Journal of Contemporary East Asia Studies, Routledge, February, 2021, pp.1-13.

岡部芳広
相模女子大学教授。1963 年、大阪市生まれ、神戸大学大学院総合人間科学研究科博士後期課程修了、博士（学術）。台湾近現代音楽教育史。『植民地台湾における公学校唱歌教育』（明石書店、2007 年）、「台湾の子どもたちを、「日本人」にしようとした音楽の教科書―台湾総督府発行国民学校芸能科音楽教科書の分析から―」（佐藤広美・岡部芳広編『日本の植民地教育を問う』皓星社、2020 年）など。

山下達也
明治大学文学部教授。九州大学大学院博士後期課程修了、博士（教育学）。主著に『学校教員たちの植民地教育史－日本統治下の朝鮮と初等教員－』（風響社、2022）、『植民地朝鮮の学校教員－初等教員集団と植民地支配－』（九州大学出版会、2011）など。

白柳弘幸
玉川大学学術研究所特別研究員。日台近代教育史、自校史（玉川学園史）。「台湾総督府発行『漢文教科書』と漢文科設置」「台湾公学校漢文科と本島人教員『日本統治下の台湾・朝鮮と漢文教育』（町泉寿郎編、戎光祥社、2023 年）、『戦時下台湾の少年少女』（風響社、2022 年）。

陳虹彣
平安女学院大学教授。教育史・比較教育。博士（教育学）。『日本統治下の教科書と台湾の子どもたち』（風響社、2019 年）。「学籍簿から見る日本統治下台湾の子どもたち（その 2）―新竹州南寮国民学校 20 期生の場合－」（『平安女学院大学研究年報』第 23 号、2023 年、1-11 頁）。

飯塚靖
下関市立大学元教授。戦後「満洲」における日本人の留用。博士（史学）。「日本人地質技術者の戦後「満洲」での留用」（『下関市立大学論集』第 63 巻第 2 号、2019 年）、「1960 年代北京在住日本人の一人として―山本勝司氏に聞く」（『下関市立大学論集』第 64 巻第 2 号、2020 年）

滝澤佳奈枝
お茶の水女子大学アカデミック・アシスタント。お茶の水女子大学大学院博士後期課程単位取得退学。日本統治期台湾の女子教育について研究を進めている。「日本統治期台湾の公学校裁縫教育と新教育―木下竹次の裁縫学習法を手がかりとして―」（佐藤広美・岡部芳広編『日本の植民地教育を問う』皓星社、2020 年）、「台湾の高等女学校裁縫科担当教員と奈良女子高等師範学校の関係」（『植民地教育史研究年報』第 22 号、2020 年、150-159 頁）など。

田中寛
大東文化大学名誉教授。1950 年、熊本生まれ、東京外国語大学大学院修了。中国延辺大学、山東大学客座教授。博士（文学）。専門は言語学、言語教育、文学研究。主要著作として『戦時期における日本語論・日本語教育論の諸相』（ひつじ書房、2015 年）、『日本語複文構文の機能論的研究』（ひつじ書房、2021 年）、『高橋和巳の文学と思想

—その〈志〉と〈憂愁〉の彼方へ—』（共
著、コールサック社、2018年）などがある。
また新世紀人文学研究会を主宰、『新世紀
人文学論究』誌を刊行し、人文科学の国際
的、学際的研究の交流をめざしている。

佐藤由美

専修大学教授。青山学院大学大学院博士後
期課程修了、博士（教育学）。「旧制金川中
学校の台湾・朝鮮留学生」（アジア教育学
会『アジア教育』第11巻、2017年）、「大正・
昭和戦前期の中等教育機関と朝鮮人「留学
生」」（専修大学人文科学研究所『人文科学
年報』第52号、2022年）など。

Andrew Hall

九州大学地球社会統合科学府准教授。
1968年、米国カリフォルニア州生まれ、
University of Pittsburgh 歴史部博士課
程 卒 業。「Manchukuo school textbooks
and identity formation, 1932-1937」（『 新
世 紀 人 文 学 論 究』（6）2022）.「Japan's
Education Policies in Korea in the 1910'
s: Thankful and Obedient」（『Journal of
Korean Studies』（25）2020）. など

丸山剛史

宇都宮大学共同教育学部教員。学校教育学、
技術教育学、博士（教育学）、「宇都宮大学
所蔵「満洲国」技術員・技術工養成関係資
料目録—解説と凡例—」（『植民地教育史研
究年報』第11号、皓星社、2009年）、「「満
洲国」民生部編『民生』誌・解説と目次集」
『植民地教育史研究年報』第22号、皓星社、
2020年）など。

『植民地教育史年報』投稿要領

投稿要領
①投稿の申し込み締め切り日は、毎年7月31日とする（編集委員会必着）。
②投稿は、葉書、メール、または、ファックスにより、以下を記入の上、編集委員会に申し込む。
　名前、標題（30字以内）、区分（研究論文、研究ノート等）、連絡先
③申込・提出先（編集委員会）は、研究会事務局に問い合わせること。
④投稿原稿提出の締め切り日は、毎年9月30日とする（編集委員会必着）。
⑤研究論文等の投稿は、会員に限る。
⑥応募原稿は未発表のものに限る。ただし口頭で発表したものは、この限りでない。
⑦掲載が決定した場合は、会員である執筆者は、投稿原稿、依頼原稿に関わらず掲載料を支払うものとする。掲載料は以下のとおりとし、本研究会より該当の『年報』を3冊贈呈する。・専任職にある会員：6000円（送料込み）・上記以外の会員：3000円（送料込み）
⑧掲載原稿の著作権は、研究会に帰属する。ただし著者は、研究会に連絡して、転載することができる。
⑨投稿原稿は日本語によるものとする。

執筆要領
⑩原稿の分量は次のとおりとする（本文・注・図・表などすべてを含む。分量厳守のこと）。
研究論文：20,000字
研究ノート・研究方法・研究動向：8,000字
旅の記録・研究資料：6,000字
気になるコトバ：4,000字
⑪投稿原稿等の提出要領（掲載される・されないに関わらず以下の書式によること）
1.　次の項目を書いて添付する。
　（1）標題・著者名・所属（和文・外国語で表記のこと）、（2）著者紹介（最近の研究業績は2本以内）、（3）連絡先（住所、電話番号、ファックス番号、メールアドレス）
2.　電子データ原稿を原則とする。
3.　「図表、写真等のデータ」の取り扱い。
　（1）文字原稿データと図表・写真等はデータを分けて提出すること。
　（2）表は、ワードではなくエクセルで作成すること。
　（3）「図表、写真等のデータ」には番号を振り、本文中の位置を指示すること。
　（4）写真はモノクロでの印刷となる。
　（5）脚注機能を使用せず、入稿時には本文に注番号も含めて記入すること。
　　　例、「……必要が起こるのであります。」（注15、塩原時三郎「東亜に於ける日本帝国の使命」『文教の朝鮮』1937年12月、30頁。）しかし、……
⑫執筆者による校正は一度（初校）限りとする。校正時の大幅な修正は認めない。

編集委員会
⑬原稿の採否は編集委員会が決定する。
⑭研究論文と研究ノートは、別に定める審査要領に基づく審査を経て、編集委員会が採否を決定する。
⑮書評は、別に定める書評選考規程に基づいて、編集委員会が採否を決定する。
⑯編集委員会は原稿の内容・表現等について、著者に修正・書き直しを求めることがある。また、編集委員会で用字・用語等について、修正・統一をすることがある。
⑰編集委員会は必要に応じて、会員、非会員に原稿執筆を依頼することができる。

CONTENTS

植民地教育史研究年報　第26号
Reviews of Historical Studies of Colonial Education vol.26

植民地と修身教育——朝鮮・台湾を中心に——
Colonialism and Moral Education : Focusing on Korea and Taiwan

編集
日本植民地教育史研究会運営委員会（第Ⅸ期）
The Japanese Society for Historical Studies of Colonial Education

　　代表：岡部芳広
　　運営委員：北川知子・合津美穂・宇賀神一・佐藤広美・滝澤佳奈枝
　　事務局長：山本一生
　　事務局員：清水知子・大石茜・松岡昌和・白恩正・北島順子・
　　　黒川直美
　　年報編集委員会：小林茂子（委員長）・藤森智子（副委員長）・
　　　井上薫・冨田哲・清水知子・Ulrich Flick・丸山剛史
　　事務局：東京都文京区白山 5-28-20
　　　　　東洋大学文学部教育学科
　　　　　山本一生研究室

　　TEL　03-3945-7378
　　URL　https://colonial-edu.blog.jp/
　　E-mail　japancolonialeducation@gmail.com
　　郵便振替：00130-9-363885

発行　2024 年 3 月 31 日
定価　2,000 円 + 税
　　発行所　　　株式会社 皓星社
　　〒 101-0051　千代田区神田神保町 3-10 宝栄ビル 6 階
　　電話：03-6272-9330　FAX：03-6272-9921
　　URL http://www.libro-koseisha.co.jp/
　　E-mail：book-order@libro-koseisha.co.jp

装幀　藤巻亮一
印刷・製本　精文堂印刷株式会社
ISBN978-4-7744-0823-1 C3337